O PROBLEMA NÃO É ELE, É VOCÊ!

CARO LEITOR,

Queremos saber sua opinião sobre nossos livros.
Após a leitura, curta-nos no facebook/editoragentebr, siga-nos no Twitter@EditoraGente e visite-nos no *site* www.editoragente.com.br. Cadastre-se e contribua com sugestões, críticas ou elogios.
Boa leitura!

CHRISTIE HARTMAN

O PROBLEMA NÃO É ELE, É VOCÊ!

Assuma o risco e faça o primeiro
encontro dar certo... para sempre

Tradução: Silvia Pomanti

Gerente Editorial
Mariana Rolier

Editora
Marília Chaves

Editora de Produção Editorial
Rosângela de Araujo Pinheiro Barbosa

Controle de Produção
Fábio Esteves

Tradução
Silvia Pomanti

Preparação de Texto
Books & Ideas

Projeto Gráfico
Neide Siqueira

Editoração
Join Bureau

Revisão
Sirlene Prignolato

Capa
Gabinete de Artes

Ilustração de Capa
Axel Sande

Impressão
Cromosete

Título original: *It's Not Him, It's You*
Copyright © 2012 by Christie Hartman
Todos os direitos desta edição são reservados à Editora Gente.
Rua Pedro Soares de Almeida, 114
São Paulo, SP – CEP 05029-030
Telefone: (11) 3670-2500
Site: http://www.editoragente.com.br
E-mail: gente@editoragente.com.br

Dados Internacionais de Catalogação na Publicação (CIP)
(Câmara Brasileira do Livro, SP, Brasil)

Hartman, Christie
  O problema não é ele, é você! : assuma o risco e faça o primeiro encontro dar certo... para sempre / Christie Hartman ; tradução Silvia Pomanti. – São Paulo : Editora Gente, 2013.

  Título original: It`s not him, it`s you
  Bibliografia.
  ISBN 978-85-7312-865-9

  1. Homem-mulher – Relacionamento 2. Mulheres – Comportamento 3. Mulheres – Psicologia I. Título.

13-05888   CDD-646.77

Índices para catálogo sistemático:
  1. Homens e mulheres : Relacionamento : Vida pessoal   646.77

Este livro é dedicado a todos os solteiros e solteiras que me forneceram os subsídios para escrevê-lo. Vocês sabem quem são! Suas histórias, opiniões, queixas, conselhos, dificuldades e conquistas ajudaram a fazer deste livro o que ele é. Muito obrigada, e espero que encontrem sua cara-metade.

Agradecimentos
Um enorme "obrigada" ao meu Bonitão, que me incentivou e esteve ao meu lado nos momentos mais difíceis.
Você é o máximo.

Sumário

Introdução 11

Erro nº 1 Você acha que os homens sabem o que fazer 15

Erro nº 2 Sua postura não é das melhores 33

Erro nº 3 Você acha que rejeição é uma afronta pessoal 53

Erro nº 4 Seus critérios são controversos 71

Erro nº 5 Você não entende os homens 91

Erro nº 6 Você acha que tem de ser uma supermodelo 113

Erro nº 7 Você deixa que ele a escolha 133

Erro nº 8 Você ignora os alertas vermelhos 157

Erro nº 9 Você já pensa em casamento logo após o primeiro encontro 181

Erro nº 10 Você dá ouvidos à sua mãe 201

Conclusão 221

Introdução

Vamos encarar: às vezes namorar é um saco. Não faz muito tempo, fiz uma pesquisa no Google com a frase "odeio namorar" e obtive mais de 12 mil resultados! A verdade é que namorar é um desafio até mesmo para a mais segura das mulheres. O namoro nos obriga a enfrentar nossas imperfeições, nossos medos e nossas mais profundas inseguranças. Ainda assim, namorar é preciso. Pergunte a qualquer solteiro, homem ou mulher, por que se dá ao trabalho de lidar com as dificuldades do namoro, e todos darão a mesma resposta: estão à procura da pessoa certa. Portanto, se você quiser conhecer a sua "cara-metade", tem de mudar.

De todas as fases de um relacionamento – do primeiro encontro ao casamento –, a etapa inicial é certamente a mais intimidante. Entre os desafios que se tem de enfrentar durante essa primeira fase estão:

1. **Entrar no estado de espírito adequado.** Você tem a atitude mental correta? Critérios sólidos e sensatos? Sem isso, não vai conhecer a sua "cara-metade".

2. **Conhecer novos rapazes.** Onde você procura seus namorados? Como faz para aproximar-se deles? Encontrar um cara bacana é uma coisa, mas quebrar o gelo com ele é outra completamente diferente.
3. **Seguir adiante após os primeiros encontros.** Ele demonstra interesse? É um panaca? E se ele não telefonar? As respostas a essas perguntas constroem ou destroem muitos relacionamentos.

Essa etapa inicial, e as dificuldades que apresenta, é crucial para a descoberta do namorado ideal. É também quando você está mais propensa a cometer erros. E, se não identificar e corrigir esses erros, acabará frustrada, sozinha ou, o pior de tudo, com o cara errado.

A dificuldade em encontrar uma literatura proveitosa a respeito do namoro tampouco ajuda. A maioria dos assim chamados livros sobre namoro são, na verdade, livros que tratam de *relacionamentos* – mal falam de namoro, concentrando o foco no sexo, na palavra indicada por um grande "T" ou na obtenção de um rapaz para casar. No entanto, sem boas técnicas de namoro, é impossível encontrar um rapaz com quem valha a pena ter um relacionamento, quanto mais casar! E alguns livros sobre namoro preocupam-se mais em provocar o riso ou dizer o que você já sabe. Ainda que rir de si mesma ou reexaminar conceitos básicos seja sempre muito bom, às vezes é preciso ir além. Por isso, este livro trata dos desafios da fase inicial do namoro, com a total atenção que eles merecem! Você vai aprender que, como mulher:

- Tem vantagens sobre os rapazes no mundo do namoro.
- Deve tomar a iniciativa – e não esperar que eles o façam.
- É capaz de detectar se um rapaz está realmente interessado em você, mesmo antes de sair com ele.

Quando o assunto é namorar, fiz o dever de casa. Como psicóloga e pesquisadora, cumpri minha cota de estudos científicos a respeito do relacionamento com o sexo oposto. Conversei com mulheres e me inteirei de suas desilusões com os namorados. Li considerável quantidade de livros, inclusive aqueles escritos para homens. Examinei artigos, analisei colunas de aconselhamento, participei de fóruns na internet, pesquisei serviços e sites que promovem namoros. Também consultei a fonte principal: os homens. Entrevistei-os e dissequei conselhos sobre namoro em sites masculinos. Convivi com inúmeros rapazes em ambientes e eventos sociais, incluindo anos de participação em esportes ao ar livre, nos quais eles são sempre maioria. Tenho vários amigos do sexo masculino. E, por fim, estive nas trincheiras também, namorando. O que quero dizer com tudo isso? Que este livro é fundamentado em pesquisas, e tudo o que você vai ler foi investigado em profundidade.

Em todos esses estudos, descobri que, quando as garotas se frustram com o namoro, o verdadeiro problema não é o namoro em si – ou os rapazes. O problema é que, no decorrer das fases iniciais do relacionamento, elas cometem involuntariamente um ou mais erros básicos, e isso diminui suas chances de desfrutar de um namoro bacana e encontrar o homem dos seus sonhos. Este livro vai identificar cada um dos dez erros mais importantes cometidos e mostrar como remediá-los.

Se você está lendo este livro, é porque está em busca de algo. Talvez esteja à procura de um relacionamento com um cara bacana. Talvez já esteja preparada para casar-se e formar uma família, o que significa querer encontrar o homem ideal para prosseguir com seus planos. Ou talvez deseje apenas conhecer alguns rapazes, sair com alguns namorados e se divertir. Contudo, seja lá o que estiver buscando, tudo começa com namorar e saber lidar com o gênero masculino. Assim, se você está lendo este livro, provavelmente já escolheu rapazes errados (e nunca os certos!), deu seu melhor primeiro passo com um homem de quem gostava de verdade e ele acabou puxando o seu tapete, ou teve outra experiência negativa que a fez afirmar: "Namorar é um saco". Seja qual for o seu problema, porém, você encontrará aqui a solução caso não esteja conseguindo o que deseja do namoro.

Namorar não é fácil, porém, tampouco o é fundar uma empresa, mudar-se para uma cidade desconhecida ou treinar para uma maratona. Todas essas iniciativas têm seus momentos difíceis e estressantes, claro, mas não é gratificante quando seu empreendimento decola, quando você faz novos amigos ou quando cruza a linha de chegada? Do mesmo modo, as atribuições do namoro valem todo o esforço empenhado quando você encontra o rapaz ideal. O sucesso no namoro, como em qualquer outra esfera da vida, advém da capacidade de identificar seus pontos fracos e do esforço empenhado para aprimorá-los. O sucesso está em *aprender com seus erros*. Está em saber o que você quer e não desistir até conseguir seu objetivo. Qualquer pessoa pode lhe sugerir usar um vestido assim ou assado ou evitar fazer sexo no primeiro encontro. Aqui, porém, você vai aprender muito mais – como entender e dominar as complexidades do namoro e encontrar o homem que deseja. Aproveite!

Erro Nº 1

Você acha que os homens sabem o que fazer

"As mulheres sabem o que os homens querem.
Os homens sabem o que querem.
O que queremos?
Queremos as mulheres. Simples assim."
Jerry Seinfeld

Se porventura você lesse conselhos sobre namoro para o público masculino, escritos por homens, veria que esses especialistas muitas vezes afirmam que, quando se trata de lidar com o sexo oposto, há dois tipos de homens: 1) os espontâneos e 2) os demais. Os espontâneos possuem um desembaraço quase inato com as mulheres; sabem conversar com elas, passam a sensação de compreendê-las e sentem-se perfeitamente à vontade quando elas estão por perto. Não é de admirar que se deem bem com as garotas – elas tendem a ir ao encontro dos espontâneos sem nem sequer dar-se conta disso. Como não haveria de ser assim? Se nos for dado optar entre o homem que elogia nossa roupa nova e se mostra interessado em nossa carreira ou o sujeito que fica olhando para nossos peitos e tagarela sem parar acerca da carreira *dele*, a escolha é óbvia.

Os espontâneos, porém, perfazem apenas 10% do universo masculino, se tanto; os outros 90% têm de aprender a dura técnica de atrair o sexo oposto. Há os que aprendem bem rápido, outros devagarzinho, e alguns nunca chegam a aprender. Pois bem, assim chegamos ao primeiro decreto deste livro: se quiser ter um namoro bem-sucedido, você precisa entender que, com relação ao universo feminino, a maior parte dos homens *não sabe o que fazer*. Isso significa que *você*, como mulher, está em vantagem quando namora.

Por mais que queira uma companheira em sua vida, a maioria dos homens nem sempre sabe como fazer com que esse desejo se concretize. Admitindo não terem ideia de como agir com as mulheres, alguns até afirmam que fariam bom uso de um manual que os ajudasse a compreendê-las. Claro, há uma série de livros sobre como entendê-las, atraí-las, namorá-las, dormir com elas e agradá-las. Mas é raro um homem sair à procura de um livro sobre mulheres ou relacionamentos, e mais raro ainda que ele chegue a lê-lo. Há rapazes que reconhecem não compreender as garotas e, mesmo assim, não pedem ajuda porque não admitem não serem capazes de solucionar esse problema por si mesmos. É como aquele estereótipo masculino em relação ao trânsito: eles até admitem estar perdidos, porém se recusam a parar e pedir informações!

Não estou insinuando que os homens sejam burros ou ineptos, pois não são. E embora possa ser causa de frustrações no decorrer do namoro, esse desconhecimento deles do universo feminino fornece a você uma vantagem única. O Erro nº 1 não é o mais óbvio dos dez erros mais importantes, porém ter consciência dele é fundamental para o êxito do namoro, e é por isso que o coloquei no topo da lista. Até que comece a entender a vantagem de que dispõe, você não vai alcançar os resultados que almeja.

Como a vantagem pode ser minha?

Provavelmente você supunha, até este momento, que os namorados têm muito poder nas mãos. Afinal de contas, são eles que geralmente se encarregam dos convites para encontros e dos telefonemas, certo? E, com a mesma sem-cerimônia, encarregam-se também de deixar de telefonar, não é mesmo? É possível que você tenha gostado muito de um cara com quem saiu algumas vezes e, de uma hora para outra, nunca mais ouviu falar dele. Talvez tenha amado um rapaz que, por três anos, esquivou-se do assunto "casamento". Ou pior, teve um namorado que dormia com você e de repente passou a evitá-la, ou então conquistou sua confiança e depois a traiu com outra garota. Após ter passado por esse tipo de experiência, você deve achar loucura cogitar que possa desfrutar de alguma vantagem em relação ao sexo oposto.

Muitas mulheres imaginam que um namorado nos magoa porque tem mais poder do que nós e condições de usá-lo como bem lhe aprouver, sem se importar com nossos sentimentos – do mesmo modo como nosso chefe é capaz de fazer com que o trabalho nos dê alegrias ou desgostos. Na verdade, muitas vezes ele nos magoa porque não nos compreende ou não sabe lidar com as pressões do namoro. Claro, há aqueles que não se importam com causar sofrimento à parceira, porém esses são a exceção, não a regra.

Estar em vantagem em relação ao seu namorado não significa que você nunca será magoada ou rejeitada. Significa apenas que namorar pode ser mais complicado para o homem do que para a mulher.

Por que os homens não detêm o poder?

Quando um namorado nos decepciona ou nos magoa, é natural pensarmos que se trata de um egoísta, de uma pessoa sem coração. No entanto, é importante lembrar que os homens também podem ter frustrações com o namoro. Eles, assim como nós, querem muito encontrar a pessoa ideal e passam por experiências que envolvem receio, desilusão e mágoa.

Ao desenvolver a pesquisa para este livro, deparei com um dado que muito me surpreendeu: os homens pensam que o poder está em *nossas* mãos. Muitos acham que é a mulher quem dá as cartas no namoro. E, até certo ponto, eles têm razão.

Para ilustrar essa questão, aqui vão alguns exemplos de situações que fazem com que os rapazes se sintam frustrados, magoados e, acima de tudo, impotentes:

- Quando a garota não repara neles ou não lhes dá atenção.
- Quando a garota não os acha atraentes.
- Quando a garota não corresponde ao flerte.
- Quando a garota recusa um convite para sair.
- Quando a garota não telefona de volta ou não responde aos seus e-mails.
- Quando a garota quer que sejam "apenas bons amigos".
- Quando a garota prefere outro rapaz em detrimento deles.

- Quando a garota não deseja fazer sexo com eles.
- Quando a garota envia mensagens confusas.
- Quando a garota é rude ou desdenhosa.

Cada uma das hipóteses anteriores provoca nos homens a impressão de que a mulher se encontra em posição de superioridade. Eles invejam os espontâneos – rapazes que não têm dificuldades em atrair o sexo feminino e parecem estar sempre cercados de beldades. Eles também invejam os ricos, bem-sucedidos ou bonitões, pois sabem que atributos como riqueza, sucesso e beleza atraem as mulheres. Essa inveja, porém, desaparece em um piscar de olhos caso esses sujeitos ricos, bem-sucedidos e bonitões, seja por que motivo for, não tenham uma parceira em sua vida. Se for capaz de despertar a atenção das mulheres, um rapaz torna-se um sucesso aos olhos dos demais mesmo que seja feio de doer ou pobre de dar dó.

Por que estou afirmando tudo isso? Para mostrar a importância que os homens dão às mulheres. Certo, alguns nem sempre desejam uma companheira pelos motivos corretos ou não a tratam como se deve (você vai aprender a lidar com esses problemas mais adiante), porém, de maneira geral, despertar o interesse do sexo oposto é fundamental para os homens. Essa é a primeira prova incontestável de que você detém muito mais poder no namoro do que imagina. Você não conseguirá ver as vantagens que tem quando namora enquanto não se der conta, antes de tudo, de que os homens não medem esforços para atrair as mulheres.

O próximo passo é mostrar *como* eles empenham seus esforços. Os rapazes não apenas têm muitas dificuldades com o namoro, mas, em muitos aspectos, esforçam-se ainda mais arduamente do que nós para atingir seus objetivos. O restante desta parte do capítulo vai explicar como isso acontece.

Espera-se que o homem vá atrás da mulher

Sabemos que, em se tratando de relacionamentos amorosos, espera-se que o homem tome a iniciativa do primeiro contato com uma mulher, e não o contrário. Essa não é uma regra rígida, e muitas garotas com frequência dão o primeiro passo, porém ainda assim se supõe que cabe a eles, muito mais do que a elas, promover a aproximação, convidar para sair e fazer tudo acontecer. Caso isso não aconteça, eles ficam em casa sozinhos, comendo lanches de restaurantes fast-food e jogando videogame. Quer se chame essa conduta de lei da natureza, quer se chame de regras da sociedade, a verdade é que é assim que as coisas são.

No entanto, não é por terem recebido a incumbência de dar início ao relacionamento com o sexo oposto que os homens a executem com facilidade. Pelo contrário, pode ser uma tarefa muito difícil. Por mais que o encarregado da iniciativa possa usufruir de certo poder, todo esse processo envolve uma enorme probabilidade de *insucesso*. Por serem os responsáveis pela aproximação, os homens assumem um risco constante de rejeição e fracasso. E eles *odeiam* rejeição e fracasso.

Não estou dizendo que a mulher também não tenha de enfrentar a hipótese de não ser desejada; na verdade, a rejeição é um assunto tão problemático que dediquei todo o capítulo reservado ao Erro nº 3 a esse tópico. Contudo, ela tem como se esquivar da rejeição deixando aos homens a tarefa de abordá-la, de tomar a iniciativa, de convidá-la para sair. A mulher quase sempre é capaz de arrumar um encontro sem se expor a muitos riscos ou complicações. Já o homem não pode se dar esse luxo. Caso não encare a temível possibilidade do desprezo, é bem possível que ele fique sem companhia. E isso coloca os homens em desvantagem em relação às mulheres quando se trata do namoro.

Os homens não entendem as mulheres

Grande parte dos homens não entende as mulheres ou não sabe o que quer e, em regra, não lê livros sobre namoro ou relacionamentos como elas fazem. Muitos rapazes não sabem como se aproximar de uma garota e puxar conversa, convidá-la para sair, suas preferências na cama ou o que a faria feliz. Já aconteceu de um rapaz paquerá-la em um bar quando você foi até lá só para jogar conversa fora com as amigas? Por acaso já saiu com um sujeito que falava demais, interrompia você a todo instante ou não demonstrava o menor interesse por sua vida? Os espontâneos não só sabem quando e como abordar o sexo oposto, como também estão cientes de que uma mulher quer parceiros que saibam ouvi-la e se mostrem interessados no que ela tem a dizer. Quanto aos homens comuns... Por mais que a experiência os ajude a desenvolver essas habilidades, eles ainda têm muito a aprender.

Diz-se que, quando se quer lucrar vendendo determinado produto, é preciso entender o comprador, suas necessidades e seus interesses. Com o namoro não é diferente – um rapaz interessado precisa, de certo modo, vender-se a você caso queira uma chance. Se calhar de ele ter o que você gosta, ótimo. Entretanto, se ele não entender as mulheres, o mais provável é que vá à falência.

Os homens não têm talento para decifrar as pessoas

Parte de fazer com que gostem de você vem da capacidade de decifrar o ser humano. Saber interpretar alguém é uma habilidade fantástica em muitas esferas da vida, e um talento crucial quando o assunto é namoro. Embora os homens saibam decifrar o semblante e os gestos de uma pessoa, as mulheres vão um pouco melhor nesse quesito. Além disso, elas são mais propensas a desenvolver uma grande capacidade de comunicação, o que propicia relações pessoais mais afáveis e naturais – algo muito importante em um relacionamento. Essa relativa falta de talento para a interação deixa os homens em desvantagem no namoro porque nem sempre eles sabem interpretar os sinais emitidos pelo sexo oposto ou como comunicar-se mais efetivamente. Por exemplo: é comum um homem falar de seu trabalho por horas a fio sem perceber a expressão de enfado da namorada, ou colocar a mão na perna de uma paquera sem dar-se conta do desconforto que causou... E depois não entender por que ela não respondeu ao seu telefonema.

Os homens não dão as cartas

Um indivíduo pode tomar a iniciativa de aproximar-se de uma mulher, porém é ela, por meio da linguagem corporal, quem inicia a maior parte das interações entre ambos. Como você verá no capítulo destinado ao Erro nº 7, um homem quase nunca aborda uma mulher antes de certificar-se de que o sinal está verde. É ela também quem dá início à maioria das separações e dos divórcios; ele comumente está alguns passos atrás, tentando compreender o que deu errado e por quê. Por fim, é ela quem decide se haverá sexo e, em caso afirmativo, quando. Para os homens, a capacidade de ditar as regras no quesito sexo é uma *imensa* fonte de poder que, creem eles, está totalmente nas mãos da mulher. De todo modo, quem dá as cartas, seja por que motivo for, tem vantagens em relação ao outro.

Os homens não são tão exigentes quanto as mulheres

Para muitos homens, uma mulher fisicamente atraente é também, ao menos num primeiro momento, uma expectativa de algo mais. Para muitas mulheres, porém, a atração física não é o bastante, e elas geralmente buscam uma extensa lista de atributos que vão muito além da aparência. Por causa disso, um homem tem de empenhar-se bem mais para impressionar uma mulher em relação ao que ela se esforça para impressioná-lo. Isso é mais uma vantagem para você.

Se os cinco motivos anteriores não são prova suficiente de que o gênero masculino não está em condição de superioridade no relacionamento amoroso, acesse a internet; lá você vai descobrir um número bem maior de sites e matérias sobre como atrair mulheres do que os destinados a ensinar ao público feminino como atrair o sexo oposto. Pesquise, também, em uma livraria qualquer: há uma quantidade impressionante de livros dedicados a ensinar aos homens como escolher uma parceira, como levá-la para sair, como convencê-la a dormir com eles e como agradá-la durante o sexo. Eu nunca vi um livro que ensinasse às mulheres como levar alguém para a cama! Em contrapartida, está cheio de homens por aí com a nítida sensação de que tudo o que uma mulher precisa para conquistá-los é ser atraente e dizer a palavra certa. Talvez você não concorde com isso, mas se eles acreditam nessa premissa, então a vantagem é mesmo sua. No geral, todas essas fontes de informação dizem a mesma coisa: é muito mais fácil para a mulher despertar o interesse de um homem do que para o homem despertar o interesse de uma mulher.

Os homens sabem a verdade

É bem provável que você desconhecesse que, em se tratando de paquera e namoro, a mulher está em vantagem em relação ao homem. Contudo, eles já sabiam disso. A maior parte dos homens aceita esse fato e faz o possível para compensar a posição de inferioridade. Alguns, porém, ressentem-se desse poder feminino, reclamando que as mulheres são jogadoras caprichosas com todas as cartas mais importantes na mão, especialmente a carta do sexo. Há artigos de aconselhamento masculino que recomendam a seus leitores "tomar de volta" o poder, deixar de permitir que as mulheres passem por cima deles e começar a ser "homens" novamente. Embora boa parte desses conselhos seja absurda, se procurarmos olhar além das lamúrias e das desconfianças veremos que, no fundo, o problema é um só: os homens desejam as mulheres, mal fazem ideia de como lidar com elas e sentem-se profundamente frustrados quando não conseguem o que almejam.

As técnicas masculinas para lidar com o insucesso diante de uma mulher não são poucas. Os sensatos testam estratégia após estratégia até encontrar uma que dê certo, ou procuram um livro acerca do universo feminino e se põem a lê-lo atentamente. Há, porém, os que desistem de tentar seja lá o que for e adotam uma atitude passiva, na expectativa de que uma namorada acabe caindo em seu colo. E há também os que se enfurecem e passam a alimentar rancores contra as mulheres, como se fossem elas as responsáveis por seus malogros.

Aliás, vale assinalar que uma porção de artigos de aconselhamento masculino gira em círculos, tentando dar aos homens uma posição de superioridade no que eles julgam ser um jogo desigual. É muito bom quando esses artigos explicam aspectos relevantes acerca do universo feminino, e alguns realmente o fazem. Entretanto, há também os que ensinam seus leitores a jogar. E aqui estão algumas das coisas que os gurus de namoro para o público masculino recomendam:

- Espere ao menos cinco dias para ligar depois de conseguir o número do telefone dela.
- Se você se sentir atraído demais por uma garota, leve um punhado de outras jovens para sair (e, se possível, durma com elas).
- Não diga que a ama enquanto ela não disser que ama você.
- Não seja "bonzinho" demais, pois as mulheres se aproveitam dos caras muito gentis.
- Caçoe de uma mulher para mostrar que você não se sente intimidado por ela.

Nenhum homem jamais daria (ou seguiria) esse tipo de conselho se não acreditasse que a mulher está em vantagem no relacionamento amoroso. É só por sentirem-se em desvantagem que alguns homens agem como estúpidos com as mulheres.

Por que achamos que os homens dão as cartas?

Há uma boa (e talvez complicada) razão para que você, como muitas outras mulheres, tenha acreditado que os homens dão as cartas no namoro. Aqui vão alguns motivos que podem ter alimentado essa crença:

Eles a magoaram. Como já visto, se você teve experiências desagradáveis com algum parceiro, é fácil concluir que os homens detêm o poder, afinal eles já foram capazes de magoá-la. Por exemplo: certas mulheres acham que o homem tem dificuldade em ser monogâmico porque elas já namoraram indivíduos que as traíram, recusaram-se a se casar ou então tentaram conquistar todos os rabos de saia que viram pela frente. Se fosse assim tão difícil "prendê-los ao pé da cama", os homens realmente teriam muito poder. No entanto, não é. Em sua grande maioria, eles querem e serão capazes de assumir um compromisso sério *quando estiverem preparados para fazê-lo*. Sempre que um homem desiludi-la, magoá-la ou rejeitá-la, você vai se sentir impotente. Contudo, decepções, mágoas e rejeições fazem parte de um relacionamento, e os homens também passam e vão passar por isso.

Você se desiludiu com eles. Embora enganar-se seja parte do jogo, é possível que você tenha cometido alguns erros a mais em comparação às suas amigas. Pode ser que você seja amável e compreensiva demais, permitindo aos homens aproveitar-se disso ou presumir "tê-la no papo". Ou talvez você tenha certo "talento" para escolher sempre o cara errado. Esses equívocos podem fazê-la sentir-se impotente perante o sexo oposto, mas isso se deve mais ao poder que você desperdiçou do que a qualquer poder inato que um homem possa ter.

Outras mulheres e livros sobre namoro disseram que era assim. Não é preciso revirar mundos e fundos para encontrar uma pessoa que acredite que os homens dão as cartas, e alguns livros sobre relacionamentos adotam essa mesma premissa. Quanto maior o poder que imaginam que os homens possuem, mais tolos e ultrajantes serão os conselhos que darão.

Os homens detêm o poder em outras áreas. Por eles ocuparem posições de poder nos negócios e na política, você inconscientemente supõe que sejam os "poderosos"; e, assim, por que não dariam as cartas na paquera e no namoro também? Historicamente (e ainda hoje em dia, em algumas culturas), às mulheres não era permitido trabalhar ou possuir terras, o que as tornava totalmente dependentes da autoridade masculina – e os homens de fato davam as cartas naquelas épocas. Os tempos mudaram, sem sombra de dúvida, porém ainda há resquícios da velha tradição patriarcal.

Os homens sempre se saem bem. No mundo dos relacionamentos, há indivíduos que traem e trapaceiam, pulam de cama em cama ou abandonam filhos que não estavam em seus planos, e a nós é dito que "isso é natural, é coisa de homem". Diante desse comportamento, quem não presumiria que eles são extremamente poderosos, afinal não só adotam esse tipo de conduta sem a menor culpa como ainda saem dessas situações impunes e sem cobranças? As mulheres recebem um julgamento muito mais rigoroso.

Você aprendeu com sua família. O que você vivenciou enquanto crescia vai determinar o modo como vê o mundo masculino e a forma como os homens se comportam em relação às mulheres. Crescer junto a um pai que se dedicava mais ao trabalho, aos passatempos ou às amantes do que a você ou à sua mãe vai transmitir a mensagem de que os homens não dão a devida importância às mulheres. Do mesmo modo, se foi criada em um lar muito tradicional ou em uma comunidade que trata os homens como se fossem mais importantes que as mulheres, você, ainda que rejeite os valores e costumes de sua família, tenderá a vê-los como detentores de muito poder.

Quaisquer das hipóteses anteriores podem lhe dar a impressão de que os homens são mais poderosos do que realmente são. De fato, eles possuem vários tipos de poder, porém não quando se trata de namoro e do sexo oposto. Homens precisam de mulheres. Alguns prontamente admitem ser muito importante encontrar uma boa companheira, porém outros se recusam a reconhecer essa verdade por não gostarem da ideia de que "precisam" seja lá do que for. De qualquer modo, tente conhecê-los melhor, quem sabe tomar alguns drinques na companhia deles, e esses teimosos não demorarão a admitir a verdade.

Que venham as estratégias...

Se sentir que o sexo oposto está dando as cartas, uma mulher é capaz de arquitetar diferentes tipos de planos, estratagemas ou outros expedientes na tentativa de obter a vantagem para si. Aqui vão alguns exemplos dessas estratégias:

Fazer-se de difícil

Fazer-se de difícil é dar-se ares de inatingível ou desinteressada na expectativa de que seus paqueras a julguem misteriosa ou lhe deem mais valor. Aqui vão alguns exemplos de como fazer-se de difícil:

- Fingir que não está interessada nele por achar que os homens adoram um desafio.
- Não olhar ou conversar com a pessoa em quem está interessada por receio de parecer atirada ou diminuir o interesse dela.
- Recusar um encontro com um paquera em quem está interessada para ver se ele realmente pretende namorar você e vai convidá-la novamente.
- Não procurá-lo por determinado período de tempo, para fazê-lo imaginar se há algo errado.
- Não ligar de volta e esperar que ele torne a telefonar.

Fazer-se de difícil é bem diferente de ser precavida ou independente. Os homens realmente prezam as donas de seus narizes, e uma garota sempre disponível pode passar a impressão de desespero. Contudo, fazer-se de difícil propositalmente é desnecessário, uma vez que, para a maioria dos homens, a mulher é inacessível. Eles acham que abordar uma mulher e convidá-la para sair já são tarefas bastante complicadas, por isso se você fingir desinteresse é bem possível que o sujeito desista. Há exceções, claro – certos homens gostam de cercar uma mulher e adoram um desafio. De todo modo, fique atenta: um cara que vive atrás de uma pessoa indiferente e depois se enfastia quando ela enfim decide namorá-lo tem sérios problemas – é melhor você ficar longe de tipos assim.

Ser misteriosa

Ser misteriosa significa sonegar informações a seu respeito ou dificultar que ele saiba quais são suas verdadeiras intenções. É parecido com fazer-se de difícil, pois em ambos os casos trata-se de manter um paquera a certa distância com o objetivo de deixá-lo mais interessado e atraído por você. Quando o conhecer, não conte toda a sua vida, não comente assuntos íntimos ou muito pessoais nem se aproxime demais – revelar-se aos poucos é sempre melhor. Por outro lado, porém, manter-se reservada em demasia só faz com que você pareça inacessível e pouco à vontade consigo mesma.

Lançar mão da sensualidade

Mulheres que querem atenção, mas não sabem fazer-se naturalmente atraentes aos olhos de um homem, usarão a arma mais poderosa que têm ao seu alcance: sexo. Você já viu mulheres assim: usam roupas que deixam tudo à mostra e comportam-se como se o mundo fosse sexo e nada mais, pois acham que é isso o que desperta o interesse masculino. Funciona: se usar esse truque, você conquistará inúmeras atenções. Contudo, também vai dar a impressão de ter passado da conta ou, pior, atrair indivíduos que querem apenas dormir com você. Eis um exemplo:

> Ryan conheceu uma jovem na internet e convidou-a para assistir a uma partida de beisebol. Quando chegou ao local onde haviam combinado encontrar-se, ela usava uma calça agarrada ao corpo (com sinais da calcinha fio-dental à mostra), um top mínimo, saltos altíssimos e uma quantidade absurda de maquiagem. Ryan perdeu o interesse e nunca mais voltou a procurá-la.

Lembre-se: em se tratando de sensualidade, basta uma pitada para um tempero apetitoso.

Recusar sexo

Muitas mulheres não querem fazer sexo até terem certeza de que o homem em quem estão interessadas é decente. Há, porém, as que veem o sexo como uma mercadoria a ser "entregue" ao parceiro, e não como uma opção decorrente do nosso desejo. Essas mulheres acreditam que sexo, e a escolha de gozá-lo com o namorado, é o único poder de que dispõem sobre os homens e, por isso, cuidam de utilizá-lo como meio de conseguir o que querem. Não fazer sexo enquanto não se sentir pronta para fazê-lo é sinal de poder, e um ato de amor-próprio, mas recusar sexo porque receia que seu namorado não vá respeitá-la dá aos homens um poder que eles não têm.

Esperar que ele tome a iniciativa

Se pensa que seus paqueras tomarão a iniciativa caso estejam realmente interessados, você acredita que eles são mais corajosos do que de fato são. A maioria dos homens não dará o primeiro passo a menos que julgue ter boas chances de sucesso, o que significa que eles precisam de que você lhes dê sinais bastante óbvios. Se cruzar os braços e ficar à espera de que sua boa aparência e sua impassível indiferença vão arrastar os homens até seus pés, você não colherá grandes resultados. LEMBRE-SE: eles também detestam rejeição. Esse assunto é tão importante que ocupa todo o capítulo destinado ao Erro nº 7.

Tentar agarrá-lo

Há mulheres que veem a paquera como um teste para um musical – e só faltam cantar e dançar para conseguir a atenção e o afeto masculinos. Elas não hesitam: partem atrás dos homens em quem estão interessadas ou percorrem enormes distâncias a fim de fazer-se notar ou receber um convite para sair. Por exemplo: esse tipo de mulher é capaz de rodear um sujeito sem dar trégua, fingir-se apaixonada por hóquei se for esse o esporte preferido dele ou passar todo o seu tempo livre correndo atrás de um par de calças. Ainda que às vezes seja preciso incentivar seu paquera e até mesmo tomar a iniciativa, você nunca deve fazer das tripas coração para agarrá-lo – se estiver mesmo interessado, ele virá até você. Quando move céus e terras para conseguir um namorado, quase sempre você se envolve com o homem errado.

O que os tópicos anteriores têm em comum? São todos estratégias cuja finalidade é obter, de um modo ou de outro, vantagens em relação ao sexo masculino. Esses artifícios, no entanto, podem ter o efeito contrário ao esperado por presumirem que os homens têm mais poder do que de fato têm. Afinal, em muitos aspectos as mulheres já conquistaram a supremacia! Caso tenha de lançar mão de um ou mais dos estratagemas anteriores para despertar ou manter o interesse de um paquera, você certamente anda namorando os homens errados com as táticas erradas.

Poder no namoro

Afirmei que as mulheres estão em posição de superioridade em relação aos homens nos relacionamentos. Isso significa que em alguns aspectos elas são mais *fortes* na arena do namoro e também que, quanto mais você se conscientizar de seu poder, mais bem-sucedida será sua vida amorosa. Antes de tudo, porém, é preciso entender o que é esse poder – e o que não é.

Poder é a capacidade de fazer as coisas acontecerem. E o fato é que não temos muito poder sobre as outras pessoas, ou mesmo sobre os homens. Há quem manipule os demais ou tente fazer com que eles se submetam aos seus desejos, no entanto, essa conduta geralmente causa sensações de frustração ou de fraqueza moral. No final das contas, o único poder de verdade que temos é sobre nós mesmas. Então como aplicá-lo à nossa vida amorosa?

No namoro, controlamos nossas atitudes e decidimos como lidar com as circunstâncias. Temos pouco poder sobre os homens e não podemos obrigá-los a fazer o que queremos. Ainda assim, podemos pedir o que desejamos e, em última análise, escolher o que queremos. Aqui vão alguns exemplos:

Você não tem como obrigar um homem a se interessar por você. Contudo, pode vestir-se bem, conversar com ele e demonstrar sua afeição, aumentando suas chances de conquistar a simpatia dele. Se ele, porém, não se mostrar interessado ou não se aproximar de você, aceite isso e procure outra pessoa.

Você não tem como obrigar um homem a tratá-la bem. Entretanto, pode lhe mostrar que não vai tolerar ser maltratada, aumentando suas chances de ele vir a comportar-se melhor. Ou pode recusar-se a vê-lo novamente e ir à procura de alguém mais gentil.

Você não pode obrigar um homem a lhe dar o que você quer. Pode, no entanto, pedir o que quer, aumentando suas chances de concretizar seus desejos. E também pode optar por deixá-lo e seguir adiante se ele não quer ou não é capaz de proporcionar o que você deseja.

Vejamos alguns poucos exemplos das diferenças entre uma predisposição mental impotente e uma predisposição mental poderosa:

Predisposição mental ineficaz	Predisposição mental poderosa
Você conhece um rapaz atraente e espera que ele se aproxime e puxe conversa	Você sorri ou diz "oi" e vê qual atitude ele toma
Você se irrita com um rapaz porque ele sai com outras garotas e o pressiona para que saia somente com você	Você aceita o fato de que ele não está pronto para um relacionamento de exclusividade, diz a ele que é isso o que deseja e se afasta
Você teve uma série de namoros infelizes e está farta de rapazes e compromissos	Você busca descobrir o que pode fazer para melhorar seus relacionamentos e coloca suas descobertas em prática

Se quiser obter bons resultados na paquera e encontrar o homem certo, você precisa se conscientizar do poder que possui junto ao sexo masculino, e precisa também identificar o poder que existe dentro de você e saber utilizá-lo. A atitude mental poderosa contribui muito para o sucesso em um relacionamento, ao passo que a atitude mental ineficaz só causa frustrações.

Namore como uma mulher poderosa

Agora que você descobriu o poder que tem como mulher e as dificuldades que os homens enfrentam ao namorar, aqui vão algumas sugestões para uma nova maneira de encarar o relacionamento. Você vai aprender mais e mais acerca de todos esses tópicos à medida que avançar na leitura.

Utilize a predisposição mental poderosa. Se você estiver procurando um namorado, conhecendo novos paqueras ou saindo com eles, a atitude mental poderosa é sua amiga e aliada. Seja qual for a situação, lembre-se de que você sempre tem opção. Por exemplo: se um paquera não a trata bem, é possível escolher entre desistir dele ou lhe explicar como deseja ser tratada, sabendo de antemão que poderá afastar-se no caso de ele não se emendar.

Lembre-se de que os homens também são vulneráveis. Como afirmei, o mundo masculino teme e detesta a rejeição tanto quanto o feminino. Os homens querem o mesmo que você – encontrar a pessoa certa para eles. Quanto antes você aceitar essa verdade, mais bem-sucedida será em suas paqueras.

Escolha seus companheiros. Opte por quem você quer, não fique à espera de ser escolhida. Os homens sabem dos riscos de abordar uma mulher; logo, nem sempre vão se aproximar de você ainda que estejam interessados. Se você esperar que ele a escolha, é bem provável que não consiga o que está desejando.

Encoraje quem despertou seu interesse. Um contato olhos nos olhos, um sorriso e um "olá" amistoso darão o incentivo de que ele necessita para aproximar-se um pouco mais de você. O risco de rejeição e constrangimento é grande demais para que a maioria dos homens decida aventurar-se sem a certeza de ser bem acolhido.

Foque em quem se mostra interessado. Se você trocar sorrisos ou conversar com um paquera, ou mesmo sair com ele algumas vezes, certifique-se de que o empenho da parte dele seja verdadeiro. Quando perde tempo com alguém que não está realmente interessado em um relacionamento, você desperdiça sua vantagem na relação com os homens. Assim que um homem demonstrar falta de interesse, afaste-se dele.

Evite os panacas. Sabendo que os homens desejam uma companheira e que há dezenas de caras bacanas que necessitam apenas de um incentivo seu, não há por que você perder tempo com patetas, aventureiros, sujeitos de má índole e demais panacas que não tratam as mulheres com o devido respeito. Você estará em tremenda desvantagem com esse tipo de homem. A mulher que acredita que o poder está em mãos masculinas acaba desperdiçando seu tempo com panacas.

Tenha compaixão. Seja amável com um paquera que a convidar para sair ou demonstrar interesse por você – a menos que se trate de um cafajeste. Embora tentem dissimular o que vai em seu íntimo, os homens também têm sentimentos. Se não estiver interessada, aja com firmeza, mas não deixe de ser gentil. Por mais seguros de si que pareçam, eles também temem arriscar-se a levar um fora.

A despeito de tudo o que foi visto neste capítulo, é importante lembrar-se de que, embora você desfrute de vantagens em um relacionamento amoroso, o poder não está *todo* em suas mãos. Os homens têm poder também – podem deixar de procurá-la, desprezá-la ou simplesmente recusar-se a fazer o que você deseja que façam. Ter vantagens não significa que tudo vai ocorrer como você espera ou que o namoro não terá seus percalços. Tampouco significa que você não se desiludirá ou não levará um fora. Estar em vantagem em relação ao homem significa que a paquera e o namoro quase sempre são mais difíceis para ele do que para você. E só o fato de ter consciência disso já deve modificar a maneira como você encara um relacionamento e aumentar suas chances de êxito.

Espero que tenha compreendido a importância da mulher aos olhos de um homem e o controle que você exerce sobre sua vida amorosa. O restante deste livro desenvolverá essas ideias e mostrará como utilizar o poder de que você dispõe para tornar o namoro mais fácil e agradável – e também conseguir aquele cara incrível dos seus sonhos.

Erro nº 2

Sua postura não é das melhores

"Se achar que pode ou se achar que não pode, em ambos os casos você tem razão."

Henry Ford

Quando conto a pessoas do sexo feminino que escrevo a respeito de namoro e relacionamentos, elas respondem com um sem-número de comentários e perguntas. Afinal, namoro e relacionamentos são assuntos que fazem parte da vida de todo mundo! Algumas indagam qual será o tema do meu próximo livro. Outras relatam casos muito interessantes. Entretanto, qual é a reação mais comum entre todas elas? Queixas. "Namorar após os 40 é um problema." "Mães solteiras têm muito mais dificuldade para namorar do que pais solteiros." "Estou farta dos homens da minha idade (por volta dos 20 anos) porque são todos uns imaturos." E várias outras mais reclamam do egoísmo masculino ou dos esquisitões que conhecem na internet.

Você pode imaginar que essas queixas me aborrecem. Não aborrecem, não; na verdade, sou eu que as provoco! Essas mulheres estão vivendo situações problemáticas, e me interessa saber por quê. Se as pessoas não se abrissem comigo, como eu poderia fazer meu trabalho?

Ainda que a sensação de frustração que essas mulheres experimentam seja absolutamente compreensível, o verdadeiro problema que elas enfrentam não é o fato de que namoro ou homens sejam uma dor de cabeça. O problema é que o *modo de pensar delas* é um terror. Deixe-me explicar: mais do que qualquer outro erro discutido neste livro, a postura negativa em relação à paquera, ao namoro ou ao sexo masculino é suficiente para destruir sua vida amorosa. Simples assim. E é por isso que a satisfação no relacionamento é *em grande parte determinada antes mesmo de você sair para um encontro.*

Posso até ouvir você dizendo para si mesma: "Minha postura é negativa porque tive experiências péssimas!". Sim, experiências ruins podem azedar sua maneira de pensar. Entretanto, o contrário também é verdadeiro: uma postura hostil pode azedar suas experiências. Um homem é capaz de perceber a predisposição pouco acolhedora em uma mulher a um quilômetro de distância. E o restante do mundo também. Quanto mais inapropriada for sua postura, pior será sua vida amorosa – você não atrairá pessoas que valham a pena nem descobrirá sujeitos interessantíssimos ainda que eles estejam bem diante do seu nariz.

Os tipos de homem e de circunstâncias amorosas que você atrai para sua vida estão diretamente relacionados ao que vai em seu íntimo. Vou lhe dar um exemplo: ao longo da minha vida, sempre que um relacionamento longo e importante chegou ao fim, o rapaz que namorei em seguida era invariavelmente um esquisitão, um otário ou então alguém absolutamente errado para mim. Mesmo que eu não guardasse rancores do meu ex, meu radar e minhas "vibrações" ficavam completamente alterados por causa daquele rompimento. Algum tempo depois, é claro, vim a me relacionar com caras que combinavam mais comigo, mas imagine: se a dor de uma perda pôde atrair os indivíduos mais errados do mundo para mim, imagine só o que não atrairia uma postura totalmente hostil!

Antes que você pense que estou criticando injustamente a postura feminina perante o namoro e o sexo oposto, deixe-me assinalar que os homens reclamam comigo tanto quanto as mulheres, ou até mais. Uma predisposição hostil pode afetar a todas nós se não tomarmos cuidado.

Neste capítulo, você vai aprender a identificar as "cinco mais" entre as posturas negativas que podem destruir suas chances de um namoro feliz. E aprender também uma série de truques para colocar nos eixos novamente aquela predisposição inoportuna.

Postura negativa nº 1: Você não tem apreço pelos homens

Complete a frase: "Os homens são _____". Escreva todas as palavras que lhe ocorrerem para preencher o espaço. Não fique pensando – apenas anote o que vier à sua mente. Assim que terminar, examine atentamente a resposta. Quantas palavras negativas sua lista contém? Se contiver de 10% a 20% ou mais, é possível que você tenha algum problema em relação ao universo masculino. Se o conteúdo de sua lista for mais do que 50% negativo, você *realmente* não respeita os homens. Se tiver escrito termos depreciadores como "porcos", "mentirosos", "cafajestes", "egoístas", "obcecados por sexo", "estúpidos" ou "levianos", então sua falta de estima pelos homens é digna de nota.

Mais um indício de que você não os preza é não apreciar o convívio com eles e preferir estar junto de outras mulheres. Se não consegue compreender o porquê de passar uma noite dançando ou confraternizando com rapazes ou homens maduros, você provavelmente não gosta muito deles. Claro, deve haver indivíduos que você não pode nem ver pela frente, e não há problema nisso. Contudo, não achar a menor graça na companhia masculina, de maneira geral, pode ser sinal de falta de apreço.

A falta de estima pelo sexo masculino pode causar grandes e variados estragos à sua vida amorosa. Primeiro, isso demonstra que você não os deseja tanto assim. Os homens são capazes de perceber esse desprezo de imediato e, por causa disso, fugirão na direção contrária. O primeiro requisito para namorar um rapaz é *gostar* dele. Não é preciso gostar de todos os homens do mundo ou gostar de tudo o que um homem faz, porém é indispensável nutrir um respeito sincero e cabal pelo gênero masculino como um todo. Se você não tem estima nem consideração pelos homens, por que eles haveriam de querer namorá-la? Você gostaria de namorar um rapaz que acha as mulheres estúpidas? Espero que não!

Outro problema é que a falta de apreço muitas vezes significa que você teve experiências desagradáveis com o sexo oposto e, em virtude disso, generalizou seus sentimentos negativos, estendendo-os a todo o gênero masculino. No entanto, cada ser humano é único. Quando uma mulher diz banalidades, ou faz comentários injuriosos, a respeito dos homens, eles se ofendem. Ninguém está disposto a pagar pelos pecados dos que vieram antes dele. Se quiser entender melhor o que estou dizendo, pense em uma ocasião na qual tenha ouvido um homem tecendo críticas estereotipadas acerca de uma mulher; pode ter sido algum namorado seu ou um grupo de rapazes que conversavam no bar. E se porventura já leu matérias ou livros dirigidos ao público masculino, você deve ter visto as afirmações vulgarizantes (e bem pouco lisonjeiras) que alguns desses "especialistas" fazem, como:

- Mulher não gosta de homens "bonzinhos".
- Mulher pergunta sua profissão para tentar descobrir quanto você ganha.
- Mulher sabe que tem poder para aceitar ou recusar fazer sexo e usa isso para manipular você.

Fico muito irritada quando vejo ou ouço esse tipo de coisa porque nenhum desses lugares-comuns jamais se aplicou a mim. Homens que dizem essas tolices têm postura negativa, hostil, em relação às mulheres; e agem assim porque decerto sofreram um bocado nas mãos de alguma parceira. Você detesta ser igualada às "periguetes" que eles namoraram; do mesmo modo, eles não gostam de ser colocados no mesmo patamar que os panacas com quem você se envolveu.

Um terceiro problema com relação à falta de estima e respeito pelos homens é que, ironicamente, isso vai atrair para sua vida indivíduos que você menospreza. Inúmeros estudos mostram que, quando está convencida de algo (por exemplo, de que os homens são tolos), você inconscientemente busca indícios de que todos são tolos e ignora os indícios de que não são. E, para namorar, acaba escolhendo os tolos não porque os deseja, mas sim porque aos seus olhos eles parecem ser a norma, não a exceção. Esse fenômeno funciona da mesma maneira para o gênero masculino. Um homem convicto de que todas as mulheres são vadias não seria capaz de reconhecer a mais incrível das garotas caso ela caísse em seu colo; ele vai escolher outra namorada de má índole, deixar-se ferir novamente, ficar mais amargurado... E o ciclo não tem fim.

Ter raiva do universo masculino revela mais sobre você do que sobre os homens — revela seus malogros no relacionamento com eles, o que faz com que você não pareça "um bom partido". Não seja essa garota! Se você acabou de passar por um rompimento doloroso ou por um momento difícil com seu namorado, assumir uma opinião negativa em relação aos homens é perfeitamente normal. Essa postura, porém, deve ser temporária, e você não deveria voltar a namorar até essa fase passar.

É verdade que certos homens não são dignos de nosso respeito e de nossa estima, mas você pode optar por evitá-los. Caso não tenha apreço pelo gênero masculino, não deixe de ler os conselhos deste capítulo e também o dedicado ao Erro nº 5. Livre-se da angústia que a aflige por causa de certos idiotas do seu passado.

Postura negativa nº 2
Você acredita no "mito da escassez"

Você já fez algum dos comentários a seguir?

- "Não há um só homem que preste."
- "Todos os homens que valem a pena são casados ou gays."
- "Nesta cidade só há otários."
- "Os homens daqui só querem saber da mulher perfeita."
- "Homens da minha idade querem mulheres mais jovens."
- "Não há um só bonitão por aqui."

Se já fez ao menos uma dessas observações, você sucumbiu ao "mito da escassez" — ou seja, à crença muito influente de que é extremamente difícil, senão impossível, encontrar homens dignos, interessantes e solteiros.

O mito da escassez está em todos os cantos e pode afligir mulheres de todas as idades. Não faz muito tempo, estive em uma festa em minha cidade natal, Denver, e conversei com duas mulheres de cerca de 40 anos. Uma dizia que os homens de Denver eram incrivelmente egoístas e desejavam companheiras mais jovens; em uma conversa em separado, a outra comentou que os homens dali, de todas as idades, eram pessoas da melhor qualidade, os mais incríveis que ela já conhecera. Embora sejam da mesma faixa etária e morem na mesma cidade, essas duas mulheres possuem pontos de vista completamente distintos acerca dos homens de lá – uma achava que os bons se contavam nos dedos, a outra achava que eles estavam por toda parte. Por que isso?

Infelizmente, especialistas também podem ser vítimas do mito da escassez. Em sua coluna de aconselhamento na internet, uma especialista em namoro afirmou que as mulheres, sobretudo as mais jovens, muitas vezes também acreditam que há fartura de opções e, assim, são exigentes demais em relação ao parceiro. Outra especialista aconselhou uma moradora de uma grande metrópole a mudar-se para uma cidade menor. Por quê? Porque a cidade onde ela mora apresenta um número de solteiras ligeiramente maior do que o número de residentes do sexo masculino, um dado que, aos olhos da especialista, colocava a tal mulher em grande desvantagem.

O mundo feminino não é o único a deixar-se enganar pelo mito da escassez – há homens que acreditam nisso também. Alguns poucos anos atrás, um perito em estatística afirmou haver mais solteiros do que solteiras em Denver. Desde então, ouvi inúmeros moradores daquela cidade usar esse dado como desculpa para o fato de não conseguirem uma companheira. Um conhecido meu de Denver aprecia mulheres em boa forma física, mas diz que não consegue encontrar nenhuma nessas condições. Ora, aquela região possui algumas das mulheres mais esguias e saudáveis dos Estados Unidos, e mesmo assim ele não consegue encontrar uma sequer!

No geral, o mito da escassez é só isso: um mito. Ele tem origem no temor e no fato de não sairmos para o mundo o bastante e expandirmos nosso círculo de convivência. Se passar a maior parte do tempo perto de pessoas casadas, solteiros avessos ao casamento ou panacas, você não demorará a pensar que é só isso que existe no mundo, quando a verdade, de fato, não é essa.

Aqui vão alguns exemplos de como o mito da escassez pode atacá-la e o que fazer para evitá-lo.

Preocupar-se com a ideia de tornar-se uma estatística

Quando os jornais anunciam novos dados estatísticos afirmando que a cidade de Nova York tem mais solteiras do que solteiros ou que as chances de uma mulher casar-se após determinada idade são menores, vale a pena observar como as pessoas permitem que essas informações afetem seu modo de pensar. A verdade, porém, é que esses resultados matemáticos, apesar de interessantes, não exercem nenhuma influência sobre suas chances de encontrar um amor. Como tenho experiência com estatísticas, acredite em mim quando afirmo que utilizar esse tipo de informação para calcular suas probabilidades de encontrar um namorado é totalmente fora de propósito.

Vamos pegar o número de solteiras *versus* o número de solteiros em determinada cidade. Se há mais solteiras, em princípio deveríamos nos preocupar, uma vez que nossas chances de encontrar um companheiro seriam menores, certo? Contudo, como comprovar nossa tese? Em um domingo qualquer, reuniríamos todos os solteiros e todas as solteiras para organizá-los em filas pelas ruas; em seguida, formaríamos casais e depois diríamos às mulheres que sobraram: "Desculpem, mas não há parceiros para vocês"? Não. A relação entre homens e mulheres em qualquer cidade não tem a menor importância, pois você não vai conhecer nem ao menos uma pequenina fração de todos esses indivíduos! Você só deveria se importar com dados estatísticos caso a proporção fosse da ordem de nove solteiras para cada solteiro – e essa situação não duraria muito tempo, uma vez que, tão logo ficassem sabendo dessa paradisíaca cidade com esse número espantoso de mulheres "dando sopa", solteiros de todos os cantos do país correriam a arrumar suas malas e se mudariam para lá o mais depressa possível! Lembre-se: estatísticas se baseiam em inúmeras suposições e têm seus limites. Os dados indicam tendências, mas não têm como determinar o que vai ocorrer no futuro.

Outra forma de preocupar-se com números é pensar que quantidade é fundamental, que é preciso haver um estádio de beisebol lotado de solteiros para escolhermos nosso parceiro. Quantidade é bom – se você estiver procurando um vestido preto, ter por perto uma loja gigantesca que só venda esse tipo de roupa é ótimo, não é? A verdade, porém, é que você precisa de um único vestido, e a loja gigantesca estará atulhada de roupas pretas que você jamais compraria ou que não lhe caem bem. Uma boa butique com cinco ou seis pretinhos lindos pode ser bem mais útil. Do mesmo modo, de que adianta uma piscina apinhada de solteiros se a maior parte deles não é adequada a você? E a maioria, claro, não vai ser. O que você realmente quer é qualidade, e não quantidade.

Preocupar-se com qualidade

Se não se preocupa com a falta de indivíduos disponíveis, você se preocupa com a falta de indivíduos *que valham a pena*. Embora até saiba que há uma profusão de homens por aí, você acha que são todos uns patetas ou então que não correspondem às suas expectativas. Essa postura negativa é mais compreensível do que a preocupação com a quantidade, uma vez que encontrar um parceiro cujos atributos a satisfaçam plenamente pode levar muito tempo. Se você namora três homens sucessivamente e se decepciona com os três, é bem possível que essa desilusão tenha uma influência negativa sobre seu modo de pensar. Entretanto, embora possa ocorrer a qualquer uma de nós, a preocupação com a qualidade não deixa de ser uma postura negativa que você deve tentar evitar.

O verdadeiro problema não é a inexistência de homens que valham a pena – eles existem –, mas sim encontrar um homem que valha a pena para *você*. A menos que você tenha muita sorte, esse é um processo que demanda tempo e paciência, o que explica por que descobrir aquele cara com quem você tem toda a afinidade do mundo é algo tão especial. Como dizem, é preciso beijar uma porção de sapos antes de encontrar o príncipe. Até lá, quando conhecer sujeitos que não despertam seu interesse, por serem uns panacas ou simplesmente não se adequarem aos seus critérios, siga em frente sem demora e mantenha o foco em seu objetivo. Se se desiludiu ou foi magoada, dê um tempo.

Preocupar-se com a idade

O mito da escassez pode acometer uma mulher na faixa dos 30 anos, sobretudo se ela estiver mais perto dos 40 e ainda ansiosa para casar-se. Divorciadas com mais de 40 anos podem sofrer desse mal também – essas mulheres olham ao redor e percebem que uma porção de conhecidos já se casou, que as amigas estão casadas e que alguns indivíduos da sua idade estão namorando garotas bem novinhas! Isso pode ser espinhoso.

Contudo, o mito da escassez é real também para as mais jovens. Eis o porquê: a mulher teme que os homens acessíveis vão rarear à medida que ela for envelhecendo. Se definirmos "acessível" (ou "disponível") como solteiro, então sim, a quantidade dos acessíveis diminuirá; mas só o fato de ser solteiro não significa que um homem esteja disponível ou seja a pessoa certa para você. Vou lhe dar um exemplo: estudei em uma faculdade com quase 30 mil alunos. Entre aulas, passeios, eventos e um trabalho de meio-período, solteiros não faltavam. Ainda assim, sabe quantas vezes encontrei um rapaz que tivesse me provocado aquele estalo? O mesmo número de vezes que isso tem me ocorrido atualmente. Embora fossem todos solteiros, alguns daqueles rapazes tinham namorada, outros eram imaturos demais, e outros mais não eram meu tipo. Homens aos montes? Sim. Homens aos montes para mim? Não!

A verdade é que o namoro vai adquirindo outras características à medida que a idade avança – o número de casados aumenta, e os acessíveis (provavelmente por serem divorciados) têm filhos ou outros compromissos de igual responsabilidade. A boa-nova é que, nessa faixa etária, os homens estão mais experientes, mais amadurecidos e mais preparados para um relacionamento.

Muitas mulheres acham que namorar torna-se ainda melhor conforme o tempo passa. Quanto mais maduras, mais criteriosas ficamos em relação à pessoa que escolhemos para um relacionamento, o que significa menos quantidade, porém mais qualidade. Um rapazinho charmoso qualquer já não é o bastante. Os padrões se elevaram, pois tivemos tempo para aprimorá-los. Com 30 anos ou mais, você está mais segura, mais crítica, à procura de um companheiro para um relacionamento duradouro, por quem sinta atração e com quem tenha afinidades – e muitos indivíduos não preencherão esses requisitos. Na verdade, todos – homens e mulheres, jovens e maduros – estamos no mesmo barco. Todos desejamos encontrar o parceiro que seja nossa cara-metade. O desafio é chegar lá, separando o joio do trigo até descobrir a pessoa certa para nós.

Concluindo: se se submeter ao mito da escassez e deixá-lo transformar-se em uma profecia autoexecutável, você vai perder as esperanças e diminuir suas chances de encontrar o companheiro que deseja. Fundamentado no temor e na ansiedade, o mito da escassez pode levá-la ao desespero. Medo e desalento não fazem você sentir-se, ou parecer, um bom partido.

Postura negativa nº 3: Alimentar velhas feridas

No caso de muitas mulheres, a predisposição mental negativa resulta de uma mágoa do passado. Afinal, é dificílimo esquecer quando alguém nos decepciona ou parte nosso coração, mas, se quiser encontrar o homem certo, você precisa desvencilhar-se do que já ficou para trás, do contrário vai levar o peso de seu passado para os novos relacionamentos, muito provavelmente sem nem ao menos dar-se conta disso. Não se libertar de velhas feridas é um erro muito comum, e também a origem de uma série de problemas nas relações subsequentes. Se todos se empenhassem mais em recuperar-se de um rompimento ou da dor que os ex lhes causaram e se esforçassem menos na procura de um novo parceiro que os fizesse sentir-se melhor, os relacionamentos seriam bem mais felizes.

Certa vez namorei um rapaz que vivia se queixando das ex-namoradas e de quanto elas o tinham feito sofrer. Não só me cansei de ouvir tanta reclamação, como também perdi todo o respeito por ele – não porque tivesse se desiludido, mas porque se mantinha agarrado ao sofrimento e nada fazia para livrar-se dessa angústia. Assim como o amor, mágoa e decepção fazem parte do namoro. Todo relacionamento lhe ensina algo novo e importante, além de aproximar você da pessoa certa.

Postura negativa nº 4: Lamentar-se com as amigas

As mulheres adoram reunir-se e reclamar dos seus relacionamentos. Até certo ponto, não há mal nenhum nisso. Afinal de contas, namoros e relacionamentos podem trazer mágoas e frustrações, e vez ou outra todas nós precisamos desabafar ou pedir alguns conselhos – caso contrário, ficaríamos malucas! Algumas mulheres, porém, fazem disso um passatempo. Acomodam-se na cadeira e tomam café ou bebem com as amigas, narram todas as agruras de seus namoros e reclamam do sexo masculino sem parar. Entre dez, nove não têm a menor intenção de mudar coisa nenhuma; querem apenas se lamentar. Contudo, essas mulheres não reclamam por serem "choronas" – reclamam porque vivem à procura do companheiro ideal, mas não conseguem encontrá-lo e ainda não descobriram que têm poder para atingir seu objetivo.

Assim como não ter apreço pelo gênero masculino, queixar-se dos problemas e nada fazer para solucioná-los vai atrair homens errados e experiências infelizes para sua vida. Por isso, é importante examinar atentamente o que está na origem das suas queixas e tomar uma atitude para resolver o que precisa ser resolvido. Se houver algum problema no seu relacionamento, conte às suas amigas. Lamente-se, mas depois siga em frente.

Atitude negativa nº 5
Não se empenhar

Enquanto algumas mulheres antipatizam de verdade com o gênero masculino ou acreditam não haver um só homem que preste, outras assumem uma predisposição mental hostil mais sutilmente: ignorando qualquer tipo de empenho. Um namoro bem-sucedido depende de você assumir um papel proativo na seleção dos homens com quem deseja sair e dar sua contribuição para que o encontro seja um sucesso. Garotas passivas esperam que os rapazes descubram que elas existem, tomem a iniciativa, encarreguem-se de sua felicidade e façam tudo direitinho. Essas mulheres pouco ou nada se esforçam, na expectativa de que o homem se incumba de todas as questões pertinentes ao namoro.

Vejamos a Calli, por exemplo. Ela não tem tido sorte com os namorados ultimamente. Embora esteja à procura de um relacionamento, há tempos não conhece alguém interessante. Quando namorava pela internet, criou um perfil e o colocou na rede, porém não fez nenhuma pesquisa para ver se havia interessados que combinassem com ela. E nenhum rapaz tentou contatá-la. Quando analisei seu perfil, notei que era sucinto e genérico. Quando lhe perguntei por que não se dedicava um pouco mais à sua página na rede, ela me disse que achava já ter feito o bastante.

Calli não está se esforçando para valer. Colocou bem pouco empenho na experiência de paquerar pela internet, à espera de que os rapazes se encarregassem de avaliar seu perfil sem graça e entrassem em contato com ela. Sua falta de zelo sobressaiu, e ninguém a procurou.

Aqui vão alguns outros sinais de passividade no namoro:

Dar desculpas por sua falta de empenho. "É trabalho demais!". Se quiser algo na vida, você tem de se esforçar. "Os rapazes não entendem meu senso de humor." Procure um que entenda! Uma garota usava seus traços étnicos característicos do Oriente Médio como desculpa para o fato de não conseguir namorar. "Homens de pele clara não se interessam por mim", alegava ela. *Hello*! Um sem-número de homens claros gosta de mulheres de outras etnias.

Criticar o encontro. "Ele me levou a um restaurante horrível." "Ele escolheu um filme enfadonho." "Ele fala de si o tempo inteiro." Se não gosta dos restaurantes que ele escolhe, sugira um que seja do seu agrado. Se ele fala demais, interrompa de quando em quando e faça-se ouvir. Os rapazes não sabem o que você quer; é preciso dizer a eles. E se achar que ele não é para você, procure outro.

Esperar que eles se encarreguem dos seus passatempos. Há mulheres que vão a um barzinho na expectativa de que seu acompanhante lhes ofereça bebidas por acharem que é assim que deve ser. O mesmo se dá em relação a refeições: "Ao menos esse encontro me propiciou um jantar grátis". Não é porque um homem paga seu jantar que você deve contar com isso em toda e qualquer ocasião. Nunca tome a generosidade como algo obrigatório, corriqueiro ou natural. Esse tipo de atitude faz com que você pareça frívola e dá a impressão de que alimenta expectativas de que os homens cuidem de tudo.

Você não pode cruzar os braços e ficar à espera de ser "descoberta" por um cara bacana. E por mais que algum cara bacana vá empenhar-se em fazer o possível para lhe agradar, o êxito de um relacionamento é responsabilidade tanto sua quanto dele. O objetivo de um namoro não é experimentar novos restaurantes ou tecer análises críticas sobre filmes, é fazer com que você e ele conheçam um ao outro. Se quiser sair-se bem em seus namoros, como em tudo na vida, você tem de se empenhar para valer.

primeiro passo para sanar uma postura negativa

Você já sabe que a predisposição mental negativa vai arruinar sua vida amorosa, mas, felizmente, há como sanar esse modo de pensar. Quando examina as "cinco mais" entre as posturas negativas, você percebe que todas têm algo em comum: pessoas que se deixam levar por esse tipo de comportamento não assumem plena responsabilidade por sua felicidade. Ao não assumir plena responsabilidade por sua felicidade, você se torna impotente. E quando se sente impotente, suas atitudes ressentem-se disso. Simples assim.

Assumir a total responsabilidade por sua felicidade significa fazer todo o possível para conseguir o que deseja de um relacionamento. É estar ciente de que não há como controlar o que os homens pensam, como eles são ou como tratam você, porém ser capaz de controlar completamente a si mesma e as decisões que toma. Você tem controle sobre os critérios que adota para os homens que deseja em sua vida, sobre o empenho que dedica ao relacionamento, sobre a escolha dos rapazes com quem quer sair e namorar, sobre sua disposição para continuar a ver um namorado ou dispensá-lo, e sobre suas atitudes e sua predisposição mental em relação ao namoro. E quando as coisas não dão certo, você tem o controle sobre a maneira como lidará com elas.

Assumir a responsabilidade não é o mesmo que assumir a culpa, independentemente de você culpar os homens, o namoro ou a si própria. Assumir a responsabilidade é examinar as possibilidades para melhorar o relacionamento e pôr mãos à obra, a despeito de quem seja o culpado. Culpa atribui culpa, o que é uma perda de tempo porque você tira de si o poder de controlar ou alterar as circunstâncias. Ao acusar, você transfere o controle a outros fatores; ao assumir a responsabilidade, você tem o controle de si. Isso é muito importante em relacionamentos porque há muitas coisas fora de seu domínio quando você está namorando. É impossível controlar se um homem vai faltar a um encontro previamente combinado. Você pode culpá-lo por tê-la deixado esperando ou dar-se conta de que só um panaca faltaria a um encontro e, diante disso, resolver continuar à procura de um cara que realmente valha a pena.

Pois bem, como colocar em ação seu novo e aprimorado modo de pensar? Continue lendo...

SE VOCÊ...

Não respeita o sexo masculino, pode repensar suas atitudes. Digamos que você esteja farta de sujeitos que só ligam para a aparência das mulheres. Você pode ressentir-se dos indivíduos que agem assim e chamar a todos de fúteis, ou pode assumir a responsabilidade por sua felicidade e conversar com um bom número de rapazes para tentar entender o porquê de darem tanta importância à aparência. Pode procurar alguém que dê mais valor ao que uma mulher é do que à imagem exterior que ela tem. Pode melhorar a própria aparência para tornar-se mais atraente aos olhos masculinos, ou não se cuidar tanto para que eles concentrem-se menos em *como* e mais em *quem* você é.

Acredita no mito da escassez, pode ponderar os fatos. Talvez você esteja convicta de que todos os indivíduos da sua faixa etária ligam mais para diversão do que para um relacionamento sério. Nesse caso, você pode ficar se queixando da falta de caras bacanas ou pode refletir acerca das companhias que tem escolhido ultimamente – e começar a prestar atenção nos rapazes mais sossegados em vez de frequentar reuniões promovidas pelo pessoal que adora uma festa do barulho. Pode perguntar a suas amigas como elas conheceram rapazes mais sérios. Pode procurar novas formas e novos lugares onde conhecer outros tipos de homem. Pode namorar alguém um pouco mais velho.

Não se libertou das velhas mágoas, lide com seus sentimentos. Digamos que um rapaz a tenha traído. Você pode guardar rancor dele a vida inteira e sentir-se uma vítima do destino, ou pode começar a mudar isso procurando aconselhamento com quem saiba ajudá-la a lidar com os sentimentos provocados pela traição e pela mágoa. Pode ir em busca de livros que a ajudem a entender por que alguns homens traem suas parceiras. Pode aprender a decifrar os sinais emitidos por um traidor para evitar envolver-se novamente com essa espécie de homem. Pode examinar seu papel na conduta desleal dele – por exemplo, ignorou que ele adorava flertar ou não levou em conta que ele havia rompido com a ex-namorada porque a traía com você?

Faz queixas às suas amigas, cogite adotar uma postura mais afirmativa. Talvez você esteja farta dos sujeitos entediantes ou mal-educados que conheceu na internet. Nesse caso, pode queixar-se com suas amigas das chateações da paquera on-line, ou pode reconhecer que não é a única a pensar assim e que indivíduos desagradáveis são parte de namorar pela rede de computadores. Pode pedir a suas amigas que juntem forças para pensar em uma estratégia que evite os chatos da internet. Pode pedir conselhos a alguém que teve sorte em namoros on-line. E quando uma amiga reclamar desse mesmo problema, pode ajudá-la a encontrar uma solução.

É indiferente, pode tomar uma atitude proativa em relação ao namoro. Se acha que não está conseguindo um namorado, entre na internet e comece a enviar e-mails em vez de esperar que os rapazes venham até você. Vá a lugares frequentados por solteiros e puxe conversa com eles. Se acha que um paquera escolhe restaurantes e filmes que não são do seu agrado, diga que não é fã de comida indiana ou de filmes de terror e, sem se descuidar da gentileza, sugira outros programas.

Todas nós podemos assumir uma postura negativa ou hostil quando um namorado nos decepciona, afinal é sempre uma desilusão descobrir que alguém não é o que esperávamos. Talvez ele tenha sido um amor no início do relacionamento e depois acabou se revelando um cafajeste. Ou talvez tenha se aproximado com um ar firme e decidido, como se estivesse muito interessado, e de repente deixou de procurá-la. Ou então você pensou que fosse o homem dos seus sonhos, porém percebeu que ele trabalha além da conta, vê televisão em demasia ou é muito "pegajoso". Contudo, seja qual for o impacto da decepção, culpar e lamentar não resolvem nada.

A verdade é que boa parte dos indivíduos que namoramos não vem ao encontro de nossas expectativas; é por isso que, quando dá certo, um relacionamento torna-se especialmente saboroso. A maioria das pessoas comete o erro de tomar a desilusão, que faz parte da vida de todos nós, como uma ofensa pessoal, passando a criticar ex-namorados e apegando-se a rancores por eles não serem sua cara-metade. O que você ganha ao ficar furiosa com um rapaz por ele não ser o que você quer? Como essa atitude iria aproximá-la do homem ideal? Nessas situações, o melhor a fazer é dizer: "Bom, ele não era a pessoa certa para mim, por isso vou continuar procurando" ou "Credo, que bobalhão! Vou tratar de encontrar um cara bem bacana para mim".

Assumir responsabilidades não é tarefa simples. Não nos ensinaram que temos controle sobre nosso destino. Ensinaram-nos que, quando o namoro se deteriora ou um sujeito nos magoa, a culpa é dele, é nossa, é do relacionamento ou do universo. Não é nada fácil perceber que somos, no todo ou em parte, responsáveis pelas atribulações de nossos namoros e relacionamentos. Será que isso é motivo para que nos maltratem ou nos desrespeitem? Céus, claro que não! Isso apenas explica o fato de que escolhemos as pessoas com quem nos envolvemos e por vezes insistimos em relacionamentos fadados ao fracasso porque, quase sempre, não nos damos conta de ser capazes de tomar decisões mais judiciosas.

Assumir a responsabilidade é bem mais do que não culpar um namorado por decepcioná-la. É saber que sempre há opções, que você tem condições de lidar com qualquer adversidade. É saber que, embora não tenha como forçar alguém a agir de acordo com a sua vontade, você pode escolher quais atitudes e decisões tomar. É saber que, independentemente do que seu namorado fizer – mentir, trair, agredir, decepcionar –, você pode optar por abandoná-lo e ir à procura de alguém que de fato a mereça.

Isso não significa que você não vai magoar-se, sofrer ou sentir muita raiva. Significa que é capaz de tomar decisões mais acertadas da próxima vez.

Estratégias para aperfeiçoar sua postura

Se acha que tem tido uma postura reprovável em relação ao sexo masculino ou ao namoro, você já fez o mais importante: deu-se conta disso. E, por estar ciente do obstáculo, tem como se empenhar para tirá-lo da sua frente. Lembre-se: um modo de pensar negativo faz mais mal a você do que aos outros. Aqui vão sugestões para ajudá-la a resolver essa questão.

Assuma responsabilidades

A primeira atitude que você deve tomar para sanar uma predisposição mental negativa é assumir a responsabilidade pelo seu namoro e pela sua felicidade. Não importa tudo por que passou ou quantas desilusões já sofreu, você sempre tem opções.

Isso não significa que todas as experiências ruins que você teve com o sexo oposto sejam culpa sua; é para fazê-la entender que tem o poder de decidir como lidar com situações problemáticas, tanto no decorrer do namoro como em um relacionamento futuro. Se um namorado tratá-la mal, você pode optar por reconhecer que ele é um tonto, afastar-se dele e ir à procura de alguém que a mereça. Aliás, não haveria problema nenhum se você decidisse dar outra oportunidade a ele, desde que assumisse a responsabilidade pelas consequências dessa decisão. Se ele se corrigir, ótimo; se insistir no comportamento deplorável, não o culpe, e nem a si mesma – escolha como resolver a questão.

Lembre-se de que você não está sozinha
Namorar não é fácil. Não há uma só pessoa no mundo que discorde disso. Namorar nos obriga a encarar nossas vulnerabilidades. Desilusão e desprezo deixam um gosto amargo na boca. Conhecer novos paqueras não é assim tão simples. Tentar iniciar uma conversa com um estranho durante um jantar pode causar constrangimentos. Contudo, o fato é que tudo o que vale a pena na vida não é fácil nem vem até nós em uma bandeja de prata. Você tem de se esforçar para conseguir o que deseja. Felizmente, com predisposição mental positiva e um pouco de prática, namorar fica bem mais simples e bem mais divertido.

Evite os "otários"
Quase sempre uma postura negativa em relação ao namoro ou ao sexo masculino começa quando passamos tempo demais na companhia de panacas, conquistadores ou outra espécie de homem que ninguém deseja. Evite esse tipo de companhia, custe o que custar. Ao perceber que está diante de um cafajeste, não se envolva com ele. Ou melhor, nem lhe dê atenção. No capítulo dedicado ao Erro nº 8, você vai aprender a identificar prontamente os "otários" e outros tipos que são sinônimo de dor de cabeça.

Mude de cenário
Determinada predisposição mental negativa é reforçada pelo ambiente onde você passa a maior parte do tempo. Se estiver se sentindo a última solteira na face da Terra, pare de passar horas a fio na companhia de amigas casadas e procure outras solteiras como você para sair e se distrair. Se estiver com a sensação de que todos os homens do mundo andam com fobia de relaciona-

mentos, passar um tempinho junto de amigas comprometidas (com namorados, noivos ou maridos) poderá lhe fazer muito bem. Se estiver farta de sujeitos que não perdem uma festa, passe menos tempo em bares e comece a frequentar lugares onde não há álcool.

Acumule boas experiências
Se você teve experiências ruins com o sexo masculino ou namorou uma fileira de sujeitos desagradáveis, é bem possível que tenha ficado com a impressão de que os homens são todos assim. Mas isso não é verdade. Se sair com um paquera não está sendo prazeroso ou divertido, deixe-o para lá e procure sair com outro. Basta um só cara interessante para apagar a má impressão deixada pelos sujeitos desagradáveis – mesmo que você não acabe engatando um relacionamento duradouro com esse rapaz. Saia e se divirta na companhia de homens bacanas ainda que, a princípio, os únicos homens simpáticos que você conseguir encontrar sejam seu pai ou seu irmão.

Disponha de um bom sistema de apoio
Providencie uma rede de contato formada por pessoas objetivas e seguras de si, a quem você possa procurar quando estiver deprimida ou desesperançada. Durante os momentos difíceis, ajuda muito ter alguém que ouça seus problemas, tente animá-la ou lhe dê alguns conselhos de ordem prática. Cuide também de ficar longe de amigos, parentes ou mesmo conhecidos com opiniões e atitudes negativas – eles vão sugá-la para o buraco negro onde vivem. E evite pessoas que fazem você sentir-se mais deprimida após conversar com elas.

Liberte-se do passado
Como já vimos, apegar-se a experiências infelizes influencia negativamente seu namoro e seus futuros compromissos. Se você se desiludiu com alguém, aqui vai uma maneira de aliviar a dor que isso lhe causou:

1. Escreva, em detalhes, o que aconteceu com esse homem e de que modo ele a decepcionou. Escreva como você se sentiu. Não deixe de fora nenhum aspecto dos momentos de raiva,

tristeza, desilusão etc. por que você passou. Continue escrevendo até sentir que colocou absolutamente tudo no papel e não há mais nada a dizer.
2. Em seguida, escreva tudo que esse fato doloroso lhe ensinou. Inclua o que aprendeu a respeito do rapaz e também a respeito de si mesma. Por fim, escreva o que descobriu em relação ao que você deseja, necessita e merece.
3. Escreva como lidaria com o revés se o problema viesse a se repetir. Anote o que faria de diferente e por quê.
4. Por fim, escreva o que gostava naquele rapaz ou no relacionamento que teve com ele. Talvez seja difícil lembrar-se de algo positivo, mas isso é importante para você se curar definitivamente da dor.
5. Assim que terminar, guarde o que escreveu em um lugar fora do alcance dos olhos ou destrua esses papéis. Livre-se de tudo que faça você se lembrar desse rapaz ou do relacionamento. Apague os e-mails dele, exclua o número dele da agenda de seu telefone e rasgue fotografias ou guarde-as onde não possa vê-las o tempo todo.

Aqui vai um exemplo de como esse processo de desapego funciona: se foi traída por um sujeito por quem era apaixonada, você pode escrever em detalhes como tudo aconteceu e como descobriu a traição e, em seguida, todos os sentimentos que a afligiram, como raiva, pesar, angústia, desprezo, impotência, injustiça. Depois desse pequeno "inventário", talvez você conclua que aquele homem não passava de um namorador despreparado para um compromisso sério e, ao imaginar-se revivendo uma situação como aquela, chegue à conclusão de que provavelmente rompesse o relacionamento no momento em que o flagrasse flertando com outra mulher. Após isso tudo, você poderia permitir-se relembrar que, antes de traí-la, ele era uma pessoa bem divertida e a fazia sentir-se muito atraente e sensual. Por fim, trataria de livrar-se das fotos dele. Agora, se esse homem ainda a procura vez ou outra para saber notícias suas, você, ao ver o número dele na tela do celular, poderia deixar que a ligação caísse na caixa postal e não telefonar de volta.

É natural morrer de ódio quando se é traída. É natural lamentar-se de tempos em tempos. E é natural decepcionar-se com o namoro vez ou outra. São sentimentos absolutamente normais, e ninguém tem uma postura irrepreensível o tempo todo. O importante é assumir responsabilidades, concentrar-se nos aspectos positivos e não se permitir assumir posturas prejudiciais. Focalize a atenção no que você pode fazer para ser feliz ou em como agir com mais sensatez em uma próxima oportunidade. Uma velha e sábia amiga certa vez me disse: "A melhor vingança é o sucesso". Se quiser dar o troco aos homens que magoaram você, seja feliz e conquiste o que deseja da vida.

Erro nº 3

Você acha que rejeição é uma afronta pessoal

"Há maneiras corretas de romper o relacionamento com alguém, e entre elas não está um bilhetinho colado em um canto qualquer."

Carrie, da série Sex and the City

Se você já assistiu ao reality show norte-americano *The Bachelor*, sabe que o cobiçado "solteirão" é um bem-apanhado celibatário à procura de uma jovem com quem se casar. No programa, ele conhece 25 garotas, interage com todas elas, leva-as para sair e, no decorrer de determinado período de tempo, vai eliminando-as até sobrar apenas uma. Em outras palavras, ele tem de dar o fora em 24 moças.

É muito interessante observar a reação das jovens excluídas: mesmo parecendo meio desorientadas, algumas abraçam o rapaz e se retiram; outras, em uma aflição sem palavras, mal chegam a abraçá-lo antes de desaparecerem porta afora. Nas entrevistas realizadas após as eliminações, é comum uma garota dar sinais de arrependimento, afirmando que gostaria de ter agido de outra maneira a fim de evitar a exclusão. Algumas jovens se mostram perplexas, incapazes de entender por que foram rejeitadas. Outras, apesar de não disfarçarem a decepção, aceitam o resultado como algo natural. Outras ainda, por julgarem-se a mulher ideal para o rapaz, acreditam que ele tenha cometido um equívoco ao rejeitá-las. E há aquelas que ficam furiosas porque se sentem absolutamente ultrajadas com a eliminação. Embora se trate de um reality show cuja única finalidade é distrair os espectadores, *The Bachelor* ilustra bem a diversidade das reações femininas diante do repúdio e o modo como as mulheres lidam no dia a dia com essa contingência da vida.

Se prestar atenção à forma como as garotas no *The Bachelor* veem a rejeição, você vai notar que elas se dividem em dois grupos:

1. As que aceitam que não era para ser.
2. As que não aceitam.

Em sua vida amorosa, ao ser preterida por alguém – e isso mais cedo ou mais tarde vai acontecer –, você deve reagir como as garotas do primeiro grupo.

Levar um fora é terrível. Eu detesto, você detesta, os homens detestam. Não há uma só pessoa no mundo que goste de ver-se excluída. Contudo, se você compreender o que é um fora e por que ele acontece, vai aprender a colocá-lo no seu devido lugar, entender que não se trata de uma afronta pessoal e não permitir que isso estrague sua vida amorosa.

Vou lhe contar um segredo. Independentemente do que lhe disserem, há *um* só motivo que explica o fato de um homem dar fim ao relacionamento: vocês não foram feitos um para o outro. Pense bem: se sair com um rapaz por quem você tem afeição e ele não tornar a procurá-la após esse encontro, é sinal de que ambos não se entenderam, pelo menos não nessa ocasião. Não é possível que você seja a pessoa certa para ele – se fosse, ele a teria procurado. Não é possível que ele seja a pessoa certa para você – o cara certo para você iria procurá-la. Sim, minhas queridas, é simples assim.

Como isso funciona? O que faz com que um casal se entenda à perfeição? Quais fatores determinam que alguém seja a pessoa certa para outra e vice-versa?

O que torna você atraente aos olhos dele?

Pense na última vez em que você foi a um evento onde havia uma porção de rapazes. É possível que um deles, entre os demais, tenha despertado seu interesse antes mesmo de vocês conversarem. E por que ele chamou sua atenção? Você poderia dizer: "Porque era uma graça" ou "Porque estava bem vestido" ou "Porque ajudou aquela velhinha com a porta". Esses motivos fazem sentido. Entretanto, suas duas amigas, que repararam na simpatia, na camisa impecável e na consideração dele com os mais velhos, não ficaram interessadas. Você ficou; elas não ficaram. Por quê?

Quando conhecemos novas pessoas, nos inclinamos mais para umas do que para outras. Isso se dá porque elas possuem certos atributos que prezamos: podem ser atraentes, interessantes, parecidas conosco ou ter alguma qualidade que nos faz lembrar algum conhecido. Nós nos sentimos mais atraídos por elas do que pelas demais, mesmo em aspectos que não digam respeito ao interesse físico. Muitas vezes, esse fenômeno é totalmente inconsciente. Por mais que tentemos encontrar motivos para explicar esse tipo de reação, a verdade é que isso está fora do nosso controle. É esse o mais importante elemento do interesse e da atração: não se trata de algo que optamos por fazer.

Se você já assistiu a *Grey's Anatomy*, é bem provável que concorde com que Patrick Dempsey e Eric Dane, os atores que interpretam McDreamy e McSteamy, sejam ambos muito charmosos. Agora, se os dois quisessem sair comigo, eu escolheria Patrick sem pestanejar. E não há motivo algum para essa opção, a não ser o fato de me sentir mais atraída por ele do que por Eric. É algo que não consigo evitar.

Do mesmo modo, os homens também não têm como determinar por quem vão interessar-se. Os fatores que atraem ou despertam a atenção masculina podem ser um pouco distintos dos que atraem ou despertam a atenção de uma mulher, porém o processo ainda é o mesmo – não é possível escolher quem vai suscitar nosso interesse. Algumas mulheres cativam certos indivíduos, outras não. Há homens que se encantam por uma garota à primeira vista e, em seguida, mudam de ideia. Os homens não têm o menor controle sobre esse fenômeno. Assim, se eles não têm como controlar o que sentem, por que você deveria tomar a indiferença de um paquera como afronta pessoal?

O "Q" e o "C"

O que provoca interesse e atração? Tanto um quanto o outro têm a ver com as letras "Q" e "C": química e compatibilidade. Quando se interessa por um homem ou o acha atraente, você está vivenciando um processo que pode ser de química, de compatibilidade ou ambas as coisas.

Química

Química é quando alguém simplesmente "mexe" com você. Ele parece perfeito, provoca um frio em sua barriga, mexe com seus nervos ou a deixa eletrizada quando se aproxima. Comparado a outros homens, parece um ser de outro planeta. E se ele sentir essas mesmas sensações quando estiver perto de você, é uma questão de tempo até o namoro concretizar-se.

Quando falam em química, as pessoas geralmente estão se referindo a um fenômeno de caráter físico ou sexual. Embora essa química tenda a ser a princípio apenas física, a boa química é muito mais do que isso. Além da física a boa química será intelectual e emocional – esse é o cara que você acha atraente *e* com quem adora conversar e dividir seu tempo.

A questão básica que envolve a química é que ela ou existe ou não existe, e não há praticamente nada que se possa fazer para produzir essa "faísca" entre duas pessoas. A falta de química com um rapaz não significa que há algo errado com ele, significa apenas que ele não é para você. Do mesmo modo, se algum rapaz sentir que não há química com você, você não é a pessoa certa para ele.

A química entre duas pessoas pode se dar de imediato, porém pode ser também que leve algum tempinho até a "faísca" estar pronta para estalar. No geral, a química é a primeira coisa que você vai sentir ao interessar-se por alguém, antes mesmo de ter a oportunidade de conhecê-lo melhor.

Compatibilidade

A compatibilidade diz respeito ao quão bem você combina e se harmoniza com alguém. Em outras palavras, ele possui aquilo que você está procurando, e você possui o que ele vem buscando. A compatibilidade está baseada em uma série de parâmetros, entre os quais podemos citar:

- Aparência.
- Estilo de vida.
- Personalidade.
- Sistema de valores.
- Profissão.
- Objetivos.
- O tipo de relacionamento procurado.

O interesse e a atração são mais intensos quando a compatibilidade é maior. Quanto mais próximo ele estiver do que você ambiciona, melhor. Da mesma forma, quanto mais você se parecer com o que ele almeja, melhor. A compatibilidade pode variar de nula a enorme, e esse intervalo comporta todas as gradações possíveis. Assim como em relação à química, a falta de compatibilidade com um rapaz não deve significar que há algo errado com ele ou com você – significa apenas que vocês dois não combinam um com o outro, não se harmonizam.

Geralmente, a química desperta um interesse imediato no indivíduo, porém é a compatibilidade que faz com que o relacionamento progrida. Saber se você realmente tem compatibilidade com um homem é algo que demanda tempo; no entanto, é possível perceber uma total *falta* de compatibilidade logo nos primeiros encontros.

O interesse e a atração resultam das letras "Q" e "C". Se uma dessas letras estiver em falta ou em um nível muito baixo, o interesse e a atração não serão fortes bastante para fazer decolar um relacionamento recém-iniciado. Aqui vão alguns exemplos:

Dani conheceu Jake na internet. Um simpatizou com o outro de pronto, e os dois primeiros encontros foram ótimos. A terceira vez em que saíram juntos, porém, Dani percebeu algumas diferenças entre ambos. Ela dá muita importância à boa forma física, e Jake nunca se exercita. Ela adora viajar, e Jake nunca saiu dos Estados Unidos nem tem vontade de fazê-lo. Embora se sinta atraída por Jake, Dani começou a apreciar cada vez menos a companhia dele. E não demorou a romper o namoro.

Susan conheceu John em uma festa. Susan gostou de John à primeira vista – ele era engraçado, extrovertido e bem-educado, qualidades que ela adora em um homem. Os dois conversaram muito no decorrer da festa, descobrindo que ambos apreciavam a vida ao ar livre e moravam na mesma região. John a levou para sair na semana seguinte. Contudo, ainda que tivesse muita afeição por ele, Susan percebeu que o via mais como amigo do que como um possível namorado. Isso a deixou desanimada, e ela recusou um segundo encontro.

No primeiro exemplo, Dani percebeu que, apesar de existir química entre ela e Jake, não havia muita compatibilidade. No segundo, a compatibilidade entre Susan e John era muito grande, ao menos no curto espaço de tempo que durou o relacionamento, porém ela não sentia haver química entre ambos. Nos dois exemplos, os rapazes foram reprovados – não porque houvesse algo errado com eles, e sim porque faltaram as letras "Q" e "C". Em ambos os casos, as garotas, em virtude da forma como se sentiam em relação aos parceiros, não tiveram outra opção senão pôr fim ao relacionamento.

O processo é o mesmo com o sexo masculino. Quando um sujeito lhe dá um fora, é porque não está sentindo haver química ou compatibilidade entre vocês dois naquele momento. Se não sente a química, ele não tem como obrigar-se a senti-la; se você não é compatível com o que ele está buscando, não há nada que esse rapaz possa fazer para remediar isso. Sendo um entusiasta das viagens ao redor do mundo pouco convicto de querer ter filhos, ele provavelmente não ficará a fim de você se você for uma pessoa extremamente caseira cujo maior sonho é casar e tornar-se mãe. Nesse caso, você deve concentrar seus esforços em conhecer um homem que também queira constituir um lar e cuidar da família.

Há quem se queixe de que os outros são exigentes demais com relação à compatibilidade; essas pessoas sentem-se rejeitadas quando não correspondem aos ideais de alguém. Por exemplo: é provável que Jake tenha se zangado com o fato de Dani preferir rapazes que gostem de viajar, mas viajar é algo de importância vital para ela. Ou, talvez o problema não fossem as viagens em si, mas sim uma incontornável e total falta de compatibilidade entre os dois. O importante a assinalar é que Dani perdeu o interesse por Jake porque o nível de compatibilidade entre eles não era suficientemente bom.

É inútil julgar os critérios de compatibilidade alheios, por mais rígidos ou tolos que possam parecer. Se os sentimentos não existem, não existem e pronto. É por isso que, ao levar um fora, você precisa entender que a indiferença ou a opção pelo rompimento não tem por finalidade aviltá-la – por mais que pareça que o problema está em nós, esse processo tem a ver com as letras "Q" e "C". Na separação, estão faltando alguns aspectos fundamentais de "Q" e de "C", e a pessoa que toma a iniciativa de afastar-se apenas percebeu isso antes da outra.

Por fim, o momento sempre tem relevância em "Q" e "C". As pessoas mudam, quase sempre em função da etapa da vida em que se encontram e das necessidades que essas etapas vão criando. Se o homem em quem você está interessada não sentir que há química ou compatibilidade suficientes entre ambos no presente momento, sempre é possível que ele venha a mudar de ideia, sobretudo se o nível de "Q" ou de "C" for elevado.

Uma maneira mais apropriada de lidar com a rejeição

Por mais excepcional que você seja, é inevitável que acabe levando um fora em algum momento da vida. Compreender as letras "Q" e "C" pode ajudá-la a enfrentar a rejeição com mais serenidade.

Pense nas diversas formas que um fora pode assumir:

- Ele pede seu número e depois não telefona.
- Ele combina um programa com você e depois cancela ou não aparece.
- Ele a leva para sair, mas depois não volta a procurá-la.
- Ele começa a procurá-la cada vez menos ou demonstra desinteresse.
- Você saíram juntos algumas vezes, e ele deixou completamente de procurá-la.
- Você telefona, e ele não liga de volta.
- Você o convida para sair, e ele recusa ou não aparece.
- Ele diz que não está interessado ou que não quer mais namorar você.
- Ele flerta com outra mulher ou se apaixona por ela.

Todos os tipos de rejeição relacionados anteriormente significam a mesma coisa: as letras "Q" e "C" não estavam na quantidade certa. Um fora significa: "Não formamos um bom casal", e não: "Você é uma pessoa pavorosa". Mesmo assim, inúmeras mulheres ainda se apegam à ideia de que rejeição é sinônimo de aviltamento e acham que o problema está nelas.

Por exemplo: Laurie e Bobby conheceram-se em uma cafeteria. Bobby era o rapaz mais interessante que ela conhecera havia um bom tempo; os dois tiveram vários encontros e, em todas as ocasiões, entenderam-se às mil maravilhas. Laurie tinha a impressão de que sua afeição por ele era correspondida, mas então Bobby deixou de procurá-la. Passou-se uma semana inteira sem um único telefonema, e Laurie sentiu-se menosprezada. Ela havia engordado dez quilos antes de começar a namorar Bobby e, por conhecer vários rapazes que davam muita importância à aparência, teve certeza de que ele se afastara por causa de seu peso. Após duas semanas, Bobby voltou a procurá-la; depois de desculpar-se por não ter telefonado antes, explicou que se encontrara por acaso com uma ex-namorada e que os dois, reconciliando-se, haviam retomado o namoro. E concluiu dizendo não querer que Laurie pensasse que ele a tivesse desprezado, pois ainda sentia um grande carinho por ela. Algumas semanas depois, Laurie o viu em um restaurante com a namorada e reparou que a moça tinha o mesmo tipo físico que ela.

Imaginando que Bobby tivesse deixado de procurá-la por causa de sua aparência, Laurie havia tomado a separação como uma afronta pessoal. Por se sentir insegura em relação a seu sobrepeso, usou-o como justificativa para o sumiço do ex-namorado. Na verdade, Bobby gostava de Laurie como ela era, o que incluía sua aparência – tanto era assim que a namorada dele também era cheinha! Por sorte, Laurie não só teve uma explicação para tudo o que havia ocorrido como também chegou a conhecer a namorada de Bobby; e, ao ver a garota, entendeu que o fora que havia levado não significava uma ofensa nem havia sido motivado por algum defeito que pudesse ter. Embora sentisse haver as letras "Q" e "C" entre ele e Laurie, Bobby deu-se conta de que essa sensação era ainda mais forte em relação à outra garota. Muitas de nós não conseguem ter tamanha clareza ao examinar certas questões amorosas, mas precisamos começar a acreditar que simplesmente não era para ser.

Ao levar um fora, é provável que você busque em si algo de que não gosta e responsabilize esse seu ponto fraco pelo que aconteceu. Você também poderia questionar-se: "Por que ele não está interessado em mim?", mas essa pergunta é quase sempre inútil; seria o mesmo que indagar por que ele prefere o azul ao verde ou gosta mais de batatas fritas do que de assadas. O problema não é você ter coxas roliças ou o fato de não ter terminado a faculdade. Não foi por isso que ele a desaprovou; esses são motivos pelos quais você se desaprova.

Você também poderia indagar-se por que um homem que parecia tão interessado de repente se mostra indiferente. A resposta é a mesma. Ao conhecer um rapaz, você ainda não sabe se haverá boa química ou um elevado nível de compatibilidade para dar sustentação a um possível relacionamento; tudo o que sabe é que existe atração mútua suficiente para colocar a roda para girar. Às vezes essa atração do primeiro momento levará vocês dois a algum lugar, às vezes, não. É por esse motivo que nem sempre você recebe um telefonema ou tem a chance de um segundo encontro.

Ninguém gosta de levar um fora, mas ainda que a rejeição nunca venha a cair bem, pelo menos você pode colocá-la no devido lugar, e sentir um grande alívio por saber que não está desperdiçando seu tempo com um homem que não a fará feliz.

Indiferente ou só um babaca?

Até aqui, discutimos o que motiva o interesse e a atração e o porquê de podermos levar um fora. Vimos que o lado bom da rejeição é tratar-se de uma mensagem bem clara que diz: "Ele não está interessado em você. Siga em frente". Todavia, e quanto àqueles homens que não a recusam abertamente e, em vez disso, tratam você com desconsideração?

Dê uma olhada nesta lista de comportamentos:

- Geralmente ele falta a compromissos sem um bom motivo.
- Ele promete telefonar e não liga, depois telefona em um horário qualquer.
- Ele flerta com outras mulheres ou dá em cima delas.
- Ele é egoísta na cama e não procura lhe dar prazer.
- Ele é grosseiro ou desrespeitoso com você.
- Ele zomba dos seus defeitos.

O que você pensaria se o rapaz por quem se sente atraída agisse assim? Decerto concluiria que ele não gosta muito de você. E várias pessoas diriam o mesmo, que o rapaz não está tão interessado assim em você, que, pelo contrário, ele a trata com pouco-caso. Pois bem, o que se passa com esse sujeito – será que ele não está sentindo nem "Q" nem "C"?

A resposta é simples: pouco importa. Pode ser que ele sinta que há "Q" e "C", pode ser que não; a verdade é que se trata de um B A B A C A. E a melhor forma de lidar com um babaca é parar de indagar-se se ele está interessado em você e partir à procura de alguém que valha a pena.

Tenho observado uma temerária propensão a colocar a culpa de determinados comportamentos deploráveis de certos homens (algo que eles têm como controlar) na falta de interesse (algo sobre o que não há controle). As pessoas, sobretudo do sexo masculino, talvez lhe digam que seu namorado a trata mal porque não está interessado em você ou não se importa com seus sentimentos quando, na verdade, ele age assim porque é um cafajeste. Homens que agridem as esposas não agem assim porque não gostem delas, e sim porque são seres perturbados e extremamente infelizes. Gostar não tem nada a ver com isso. A despeito das tolices que os filmes de Hollywood pregam por aí, a mulher "perfeita" não tem o poder de transformar um babaca em um homem de caráter. Um patife pode mudar, sim, mas não em um estalar de dedos.

Como veremos no capítulo dedicado ao Erro nº 8, um cara que não está muito a fim de você telefona menos vezes (ou simplesmente não liga) e passa pouco tempo em sua companhia; no fim das contas, acaba por afastar-se. Contudo, um homem que toma uma atitude como as relacionadas anteriormente é um babaca, independentemente de estar ou não interessado em você. Quando conhece uma mulher que desperta sua atenção, um mau-caráter até pode assumir um comportamento exemplar e enganá-la por algum tempo, mas, mais cedo ou mais tarde, acaba revelando sua verdadeira natureza.

Lembre-se: a forma como um indivíduo trata uma mulher reflete o tipo de pessoa que ele é, e não o que ele sente por ela. Um homem de caráter e boa índole, seguro de si e bem-sucedido na vida vai tratar você como se deve; um sujeito instável, infeliz ou fracassado vai tratá-la da pior maneira possível.

Pois bem, você descobriu por que levamos um fora e uma nova maneira de encará-lo. Agora vamos seguir adiante e examinar questões mais práticas: os tipos de rejeição e como lidar com ela.

Rejeição para iniciantes

Quando você namora, há três tipos de rejeição aos quais está sujeita: a boa, a típica e a má.

A rejeição boa (positiva) acontece quando um namorado rompe com você de forma direta e honesta. Ele poderia dizer: "Eu a vejo como uma amiga", ou: "Não vejo saída para nosso namoro", ou ainda: "Conheci outra pessoa". Talvez dissesse tudo isso pessoalmente, por telefone ou em um e-mail, mas ao menos ele *explicaria* o que está se passando. Embora não seja nem um pouco agradável, esse tipo de fora é uma *dádiva*. Você fica a par da verdade, sabe ao certo qual é sua situação e pode seguir em frente. Infelizmente, a boa rejeição não é muito comum.

Como você deve ter deduzido a partir da denominação, a rejeição típica é o tipo mais costumeiro. Em um exemplo de rejeição típica, um rapaz dá o fora em você sem usar palavras. Pode ser que ele deixe de telefonar, ou simplesmente não responda no caso de você tentar entrar em contato. Se porventura esse sujeito explicar o que está se passando, foi só porque você o interpelou sem rodeios depois de ele sumir por duas semanas. Homens assim escolhem o caminho mais fácil porque, com medo de tomar a atitude correta, procuram evitar quaisquer confrontos ou constrangimentos. Se você não o conhece muito bem (ele acabou de pegar o número do seu telefone ou vocês saíram juntos uma única vez), a rejeição típica até faz algum sentido. Afinal, por que ter uma conversa difícil com alguém que mal conhecemos? No entanto, a rejeição típica pode ser ainda mais irritante quando já houve vários encontros, tendo em vista que você passa um bom período de tempo sem saber o que de fato está ocorrendo ou quais atitudes deve tomar. Seja como for, entenda esse tipo de fora como um sinal de que esse indivíduo não é para você e siga adiante.

A má rejeição (negativa) é a mais difícil de aceitar. É quando um namorado age como um cafajeste na expectativa de que isso vá forçar você a romper com ele. Alguns casos típicos: ele desaparece após vários encontros ou depois de dormir com você; depois de passar um tempo correndo atrás de você, ele combina um encontro e não aparece; ele fica apontando seus defeitos no momento da separação. Dependendo do tipo do babaca, você só descobre que levou um fora quando o vê com outra mulher. Aqui está um exemplo de rejeição negativa:

Chelsea conheceu Donnie em uma festa. Ele a convidou para sair, e os dois se divertiram muito no primeiro encontro. Donnie a convidou para sair novamente, e depois disso se seguiram outros encontros. No decorrer desse tempo, ele sempre tentou avançar o sinal vermelho, inclusive sugerindo a Chelsea passar a noite em sua casa. Nessa oportunidade, os dois trocaram carícias mais ardentes, porém nada de mais sério aconteceu. Depois do sexto encontro, Donnie simplesmente parou de telefonar. E, após duas semanas, Chelsea o procurou para ter certeza de que ele havia perdido o interesse nela e romper o namoro. Donnie então admitiu que não queria mais saber dela.

Se ele tivesse telefonado ou enviado um e-mail para dizer a Chelsea que não tinha interesse em prosseguir com o relacionamento, teria sido um caso de rejeição positiva. Se tivesse deixado de ligar após um ou dois encontros, teria se tratado de rejeição típica. Contudo, após seis encontros e uma ardente troca de carícias íntimas, não comunicar a Chelsea o que estava se passando qualifica esse tipo de rejeição como negativa.

Homens que rompem relacionamentos por meio da rejeição negativa são uns babacas. Se alguma vez você passar por isso, considere a experiência um grande favor – ele a deixou livre para sair à procura de um homem que valha a pena. LEMBRE-SE: indivíduos íntegros e que se sentem bem consigo mesmos tratam a todos com o devido respeito.

Independentemente do tipo de fora, é importante ter em mente que rejeição significa que aquele homem em particular não era a pessoa certa para você. A seguir, você vai aprender a lidar com a rejeição.

Lidando com a rejeição e a decepção

Embora seja praticamente impossível evitar a rejeição e a decepção no fim de um namoro, há maneiras de tornar esses momentos menos difíceis e dolorosos. Empregue as estratégias a seguir sempre que um namorado romper com você – e também quando passar por decepções como um encontro desastroso ou a desilusão com um sujeito que a princípio mostrou-se encantador e bem-educado para depois se revelar um grosseirão de mau comportamento.

Estratégia nº 1: lembre-se de que ele não é a pessoa certa para você. Eu já disse isso, mas é tão importante que vale a pena repetir. O propósito de paquerar é encontrar um namorado ao lado de quem você se sinta bem e promover um relacionamento que vá além de uns poucos encontros. A rejeição é um sinal evidente de que ele não era a pessoa que você queria, ao menos não naquele momento. A rejeição negativa ou outra conduta reprovável são indícios muito claros de que ele não é o tipo de homem que você deseja em sua vida.

Estratégia nº 2: saiba reconhecer a falta de interesse. Uma forma de evitar a rejeição, ou pelo menos tentar trocar de calçada quando a vir vindo em sua direção, é aprender a identificar os indícios de que um homem não está tão interessado assim em você. Quanto mais prática adquirir nessa técnica, menos foras você terá de enfrentar, pois vai perceber quando a ameaça se avizinha. Por exemplo: poderá deixar de ver e de conversar com o rapaz com quem está saindo, ou então se preparar para a hipótese de ele romper o relacionamento. Você vai descobrir os sinais de frieza no capítulo dedicado ao Erro nº 8, mas, no geral, estamos falando daquele sujeito que quase nunca telefona, não procura você com frequência, não a trata como deveria ou vem com tudo e depois recua. Tão logo perceber que ele não está prestando atenção ao que você diz ou passa seis dias sem telefonar, você já pode ir seguindo adiante.

Estratégia nº 3: pergunte. Se o rapaz com quem você vem saindo não telefona ou está agindo de modo estranho, caberiam duas condutas: esperar para ver que atitude ele vai tomar ou perguntar o que está se passando. Na hipótese de que ele já não queira mais saber de você, a verdade virá à tona, o que é bem melhor do que ficar presa a conjecturas. No caso de ele ainda ter interesse no namoro, talvez você se sinta uma tonta ou ele a considere um pouco carente, porém ao menos a situação estará esclarecida. O truque é perguntar de modo que passe a sensação de que você respeita o estado de ânimo dele, e não dar a entender que está brava ou chateada com as atitudes que ele vem tomando. Às vezes, basta indagar: "Está tudo bem?" ou: "Você está em dúvida quanto ao nosso relacionamento?". Analise o que ele diz. Se a resposta não for algo como: "Gosto de você e está tudo ótimo entre nós", talvez seja melhor você repensar se esse namoro vale a pena.

Estratégia nº 4: agradeça. Sério, mesmo? Agradecer a ele pelo fora? Sim, se foi uma rejeição positiva. Afinal, é sempre melhor saber a verdade. Expresse sua gratidão por ele ter sido sincero. Isso mostra que você tem uma personalidade sólida e não vai desabar por ele tê-la rejeitado.

Estratégia nº 5: não pergunte o porquê. Como interesse e atração não dependem do nosso querer, perguntar a ele por que se sente dessa forma e não de outra é pura perda de tempo. Aliás, ele poderia terminar dizendo algo que você não faria a mínima questão de ouvir. Se as letras "Q" e "C" não existem no relacionamento, não existem e pronto – não é preciso ouvir que ele não sente atração por você ou que prefere mulheres com curso superior.

Estratégia nº 6: não discuta. Se ele é indiferente ou inventa desculpas (por exemplo: "No momento, não tenho tempo para namorar" ou: "Ainda tenho muito que resolver na minha vida"), não tente convencê-lo a gostar de você ou a desistir de romper o namoro. Se quiser ficar com você, ou estiver em condições de fazê-lo, ele tem de tomar essa decisão por vontade própria, sem ser pressionado. Sua resposta sempre deve ser: "Obrigada por deixar tudo bem claro, e boa sorte". Isso mostra que você tem amor-próprio e respeita os sentimentos dele.

Estratégia nº 7: não seja convencida. Muitas mulheres cometem o erro de ficar furiosas com o paquera que não quer saber delas ou não telefona. Isso só faz com que pareçam infantis e pouco seguras. Além do mais, como o momento é um fator importante no processo de atração, agir com soberba destrói qualquer possibilidade de vocês virem a acertar-se no futuro. LEMBRE-SE: um ser humano não tem como evitar o que sente. No caso de uma rejeição negativa, porém, um pouquinho de arrogância da sua parte pode ser exatamente aquilo de que ele precisa. A decisão é sua.

Estratégia nº 8: veja o que você pode melhorar. Embora não se deva entender a rejeição como uma crítica a nossos defeitos, levar um fora de certo modo nos obriga a reconhecer que não somos perfeitas. Às vezes, a rejeição é uma boa oportunidade para que busquemos nos aperfeiçoar. Se sentir que um paquera a ignorou porque você se aproximou dele como quem vai com muita sede ao pote, seja um pouco mais contida da próxima vez. Se perceber que escolheu um babaca, procure alguém melhor no futuro.

Estratégia nº 9: repense suas táticas de rompimento. A forma como você lida com um rapaz de quem não quer mais saber reflete a forma como lida com a rejeição – tratá-lo com a devida consideração é um modo de demonstrar que você sabe como se sente uma pessoa rejeitada. Ao romper com um namorado, seja gentil, firme e impessoal. O problema não é ele; o problema é ele não ser a pessoa certa para você. Não é preciso uma minuciosa e interminável explicação; basta dizer: "Acho que não combinamos".

Apesar de um fora não ser nada agradável (nunca será), é importante lidar bem com a rejeição. Isso não só faz com que você pareça (e se sinta) uma pessoa controlada, como também deixa em aberto a possibilidade de a relação vir a ser retomada no futuro. O momento sempre desempenha um papel relevante no namoro, e, se havia atração entre você e ele em um instante qualquer do relacionamento, é possível que isso volte a ocorrer.

Lilly namorou Garrett por algumas semanas antes que ele começasse a agir de modo muito estranho. Ao pressentir que o namorado havia perdido o interesse por ela, Lilly perguntou se ele via algum problema no relacionamento; admitindo que sim, Garrett disse achar que os dois deveriam ser apenas bons amigos. Como tivesse antevisto que aquilo aconteceria, ela ficou contente por ter perguntado e, mesmo muito magoada, manteve a calma e concordou com a sugestão. Tornaram-se amigos e, de vez em quando, seus caminhos teimavam em cruzar-se. Dois anos mais tarde, quando estavam ambos um pouco mais maduros, Garrett voltou a interessar-se por Lilly.

Quando o problema é você

Não despertar o interesse de um rapaz ou não possuir as qualidades que ele está procurando pode levá-la a pensar que o problema está em você. Até certo ponto, isso é natural, mas a verdade é que, independentemente do quão bacana você possa ser, é impossível agradar a todos os homens do mundo ou ter todos os atributos que eles buscam em uma mulher.

Há, porém, algumas circunstâncias em que o problema, ou apenas parte dele, é de fato você. Quando namoramos, cometemos certos erros de que a maioria dos homens não gosta nem um pouquinho – e que podem afugentar um homem com potencial para ser um ótimo namorado. Examinaremos esse assunto com mais detalhes no capítulo reservado ao Erro nº 5, mas aqui vai um breve resumo:

- Ir depressa demais.
- Falar demais.
- Falar de ex-namorados ou do passado.
- Sempre esperar que ele pague tudo.
- Mentir a respeito da idade ou usar fotos antigas na internet.
- Ir com muita sede ao pote.
- Ser negativa.

Se já cometeu alguns desses "pecadilhos" e percebeu que seu comportamento pode ter feito um namorado se afastar de você, é hora de tentar corrigir-se.

Anos atrás, um conhecido meu do grupo de corrida enviou um e-mail me convidando para fazer rafting em um rio em sua companhia. Embora se tratasse de um sujeito simpático e agradável, nunca me senti atraída por ele e, como já estivesse saindo com outro rapaz, achei que não deveria aceitar o convite. Assim, expliquei a situação a ele, acrescentando que ainda não o conhecia muito bem. Com a intenção de fazer com que ele, no futuro, não se sentisse constrangido na minha presença, fui bastante cautelosa na escolha das palavras. Infelizmente, todo o meu cuidado foi em vão – meu conhecido me enviou uma resposta enorme, na qual acusava as mulheres de sempre lançar mão das mesmas velhas desculpas, insinuando que eu teria aceitado o passeio se ele fosse mais bonito ou mais charmoso e também assinalando ter me convidado para uma simples atividade ao ar livre, e não um jantar à luz de velas. Ele levou quatro parágrafos para dizer: "Fiquei chateado por você ter dito não". E tomou a minha recusa, que não tinha absolutamente nada de pessoal, como uma afronta à pessoa dele. Eu não tinha nada contra esse rapaz – um homem bem-apanhado, em ótima forma física e muito amável. Só não tive interesse em sair com ele. E a deselegante reação dele ao fato de eu dizer "não" me deixou muito contente por ter recusado o convite. Além de rebaixar enormemente a opinião que eu tinha dele.

O que quero dizer com tudo isso? Não permita que um fora deixe você tão amargurada quanto esse conhecido meu. Aceitar a rejeição nunca é fácil, no entanto ela faz parte da vida. Procurar a pessoa que você deseja para si é como tentar encontrar uma boa calça jeans – algumas vão lhe cair mal, outras ficarão bem em você, embora sem o caimento ideal, e uma ou duas vão se ajustar perfeitamente ao seu corpo. E, por mais que possa doer, a rejeição é algo positivo no longo caminho que leva a um relacionamento feliz – ser rejeitada é bem melhor do que ficar com o namorado errado, e mostra para você que há alguém mais interessante à sua espera.

Erro nº 4

Seus critérios são controversos

"O problema com as mulheres é que elas ficam eufóricas à toa... e depois ainda se casam com ele!"

Cher

Se lhe pedirem para descrever seu tipo ideal, o que você responderia? Provavelmente diria algo como: "Quero um cara bonito, alto e atlético, bem-educado, com uns 30 ou 35 anos e um emprego muito bem remunerado, que goste de esquiar, adore viajar e deseje ter filhos". Que tal? Parece um sujeito bem bacana, não? Digamos que, um dia, calhou de você conhecer um homem igualzinho ao homem dos seus sonhos. Após dois meses de namoro, porém, você não quis mais saber dele. Por quê? Aconteceu que o "Senhor Perfeição" trabalhava demais, não tinha o mínimo senso de humor e não tratava você lá muito bem. Embora parecesse perfeito nos seus sonhos, ele não a fazia feliz. Não era sua cara-metade.

De um modo ou de outro, todas nós já passamos por isso. Às vezes, aquilo que julgamos desejar se revela bem menos importante do que havíamos imaginado. Ou, deixamos de prestar atenção a algo que realmente importa por não nos darmos conta da importância que isso tem. Uma das frustrações de namorar é que buscamos um homem que corresponda às nossas expectativas, mas dificilmente o encontramos. Por que isso acontece?

Quando observa os namorados de suas amigas, a que conclusão você chega? Por acaso reparou que, ao buscarem um rapaz com quem namorar, algumas delas dão a impressão de concentrar-se em qualidades que, apesar de atraentes, não são assim tão importantes, enquanto outras parecem deixar-se encantar por homens que, na verdade, não são para elas? O que está por trás disso? *Critérios*. Se quiser encontrar sua cara-metade, você precisa ter critérios sólidos, adequados, justos. Algo que não acontece com a maioria das mulheres — e esse é o Erro Nº 4.

Este capítulo aborda a importância de utilizar os critérios corretos ao namorar. O que deve orientar esses critérios, porém, pode ser um pouquinho diferente do que você está imaginando.

O homem dos sonhos

É bem provável que seus pais tenham lido contos de fadas para você. Talvez você vá assistir a todas as comédias românticas que estreiam nos cinemas e nos teatros, ou leia às escondidas aquele romance do momento em que o herói faz em pedaços o corpete da heroína. Talvez você já tenha tido fantasias com o Aragorn de *O senhor dos anéis*, Brad Pitt, David Beckham, Robert Pattinson, Jamie Foxx ou qualquer outro ator boa-pinta. É possível também que você já tenha devaneado com seu médico, professor da faculdade ou patrão, por que não? De um modo ou de outro, você, como a maioria das mulheres, já idealizou o homem dos seus sonhos. E esse homem dos sonhos tem mais influência sobre suas escolhas em relação ao universo masculino do que você pensa; é ele quem determina as fantasias que as mulheres têm com o amor e o casamento. No entanto, como você bem sabe, o homem dos sonhos não existe.

Muitas pessoas, incluindo especialistas, vão lhe dizer que ter um homem dos sonhos é tolice ou não faz bem. Discordo. A fantasia pode nos revelar um bocado acerca do que realmente desejamos, em nosso íntimo, dos homens e da vida. O problema só começa quando não temos consciência do quanto nossa imaginação pode nos atrapalhar quando confundimos fantasia e realidade.

Como exemplo, vamos começar pelo universo masculino. Eles também têm suas mulheres dos sonhos e, muitas vezes, devaneiam com a garota da capa da *Playboy* ou modelos da Victoria's Secret. E como a grande maioria das garotas não se parece com modelos de moda ou de revistas masculinas, nós, mulheres, temos a impressão de que os homens possuem critérios inatingíveis. No entanto, o verdadeiro significado dessas fantasias é que eles desejam uma mulher atraente e sensual, e isso é algo que qualquer mulher pode ser. Por outro lado, alguns ficam tão presos a suas fantasias que querem apenas top-models ou garotas fabulosas.

As mulheres devaneiam com vários tipos de homens: celebridades, atletas, cavaleiros em armaduras reluzentes. À primeira vista, pode parecer que seus padrões são inatingíveis, que elas são exigentes demais. Contudo, ao fantasiar com um sujeito famoso, um príncipe encantado ou qualquer outro homem dos sonhos, a mulher geralmente está à procura de um indivíduo com certos atributos que despertam seu desejo. Você tem fantasias com famosos bonitões? Então, provavelmente deseja um cara bem-sucedido ou que tenha grande cuidado com a aparência. Fantasia com um cavaleiro em armadura reluzente? Deve ser porque está procurando um sujeito de modos e atitudes nobres, sempre pronto para ajudar os demais. Fantasia com um milionário? Quase certamente está em busca de um homem com uma situação financeira estável para lhe dar segurança. Entretanto, assim como acontece no mundo masculino, há mulheres que se prendem a esses devaneios e acabam nutrindo expectativas inviáveis em relação a seus parceiros.

Para encontrar o companheiro ideal, você precisa ter expectativas realistas. E como ter expectativas realistas sem subestimar-se? Quando se trata de relacionamentos, você precisa de um bom conjunto de critérios para orientá-la na escolha da pessoa com quem vai se envolver. E, para obter esse bom conjunto de critérios, precisa saber a diferença entre ser exigente e ser discernente.

Exigente *versus* discernente

Embora possam parecer similares, os vocábulos "exigente" e "discernente" têm significados distintos. Dê uma olhada nas definições a seguir:

> **Exigente:** meticuloso (que dedica grande atenção aos detalhes; que revela um por vezes extremado interesse por sutilezas), difícil de contentar (meticulosamente seletivo).

Discernente: aquele que assinala ou observa os aspectos característicos ou peculiares de; distingue ou diferencia; faz distinção; usa o bom-senso.

Quando se trata de escolher os caras com quem você namora, há diferenças entre ser exigente e ser discernente. Se você prestar atenção às definições anteriores, vai perceber que "exigente" refere-se ao ato de concentrar-se em pormenores sutis e sem grande importância, ao passo que "discernir" significa ir além da aparência e, por meio de uma avaliação criteriosa, perceber as diferenças relevantes entre duas coisas. Aplicando essa definição à escolha de um namorado, "exigente" significa dar demasiada importância a características pessoais, como a profissão ou a altura, ou a detalhes irrelevantes, como o estilo de decoração da casa onde ela mora ou dos filmes que ele aprecia. Já "discernente" significa não se ater às aparências e ir direto ao que de fato importa: como ele vive, como trata você, se corresponde às suas expectativas – em outras palavras, discernir significa pôr o foco no que ele realmente é e em como a faz sentir-se.

Muitas pessoas confundem exigente com discernente. Uma mulher que usa de discernimento poderia ser chamada de exigente uma vez que escolhe não namorar indivíduos que não se adequam aos seus critérios, por mais simpáticos que sejam ou ainda que tenham muito em comum com ela. É fácil encontrar uma mulher exigente que se descreve como discernente, embora ela não use essa palavra, porque só quer namorar ricos ou médicos ou porque tem uma longa lista de critérios que julga relevantes quando, na verdade, não o são.

Confundir exigente com discernente vai fazer da sua vida amorosa uma sucessão de frustrações. Por acaso você já conheceu um sujeito extremamente simpático, bem-educado, com um ótimo emprego e todas as pompas do sucesso e não demorou a descobrir que se tratava de um chato de galochas, ou pior, de um cafajeste? A confusão entre exigente e discernente também pode produzir um impacto negativo no seu futuro. Quantos casais você conhece que são infelizes não por terem problemas corriqueiros, típicos do matrimônio, mas por não combinarem nem um pouco um com o outro? Se tivessem tido mais discernimento, ou fossem menos exigentes, essas pessoas poderiam ter evitado um casamento desastroso, ou mesmo o divórcio e todos os problemas advindos da separação.

Você é a exigência em pessoa?

Quando se trata de escolher um namorado, as mulheres podem ser exigentes em relação a uma série de aspectos – uma série longa demais para caber aqui. Há, contudo, uns poucos itens nos quais muitas delas costumam concentrar-se. Nesta parte do capítulo, vamos examinar que itens são esses.

Profissão

A profissão é o item que as exigentes mais valorizam. Até mesmo as mais sensatas e independentes cometem o equívoco de dar demasiada importância à denominação do cargo ou da função que ele exerce. Uma explicação para isso é o fato de o emprego ser um indicador de status, e indivíduos com uma ocupação prestigiada ou posição social de destaque atraem garotas às bateladas. O cargo é também um indicador de rendimentos, mas ainda que a profissão realmente possa revelar um punhado de coisas a respeito de alguém, nem sempre é possível estabelecer um vínculo efetivo entre cargo e salário. E seguramente não há qualquer relação entre o cargo que ele ocupa e o dom que tem de tratar você bem ou fazê-la feliz. Quantas vezes você riscou um homem de sua lista por achar que o emprego dele não era lá essas coisas? Uma garota saiu com um garçom um par de vezes e, de repente, desistiu do rapaz. "Ele é garçom", explicou ela, "esse relacionamento não me levará a lugar nenhum". O que o ofício de garçom revelava sobre a capacidade desse rapaz de ser um bom companheiro? Absolutamente nada.

Aqui vão algumas profissões que as mulheres costumam admirar:

Médicos, presidentes e diretores-executivos de empresas e outros cargos de grande prestígio. A medicina é uma profissão nobre, e a pessoa tem de ser muito inteligente e dedicada não só para entrar na faculdade, mas sobretudo para concluir o curso. Administrar o próprio negócio como diretor-executivo requer audácia e capacidade de liderança. Há, contudo, muitas outras profissões que exigem essas qualificações. E nada garante que, por ser arrojado ou cioso de seus deveres, ele vai tratá-la com consideração.

Músicos, atores e outras atividades criativas. Músicos e atores passaram a desfrutar de grande prestígio em nossa sociedade e é por isso que atraem inúmeras fãs ou tietes, que os seguem aonde quer que eles vão. Talvez, assistir a um homem dedicando-se a algo engenhoso e inovador as deixe excitadas. Eu sei, a criatividade, e saber apreciá-la, é um talento importante para algumas mulheres. Tudo bem. Só não deixe de levar em conta o que ele é como ser humano, e não apenas como artista.

Não me entenda mal. Não há nada errado em gostar de médicos, músicos ou profissionais de qualquer carreira que mexa com você. Só estou dizendo que, ao escolher um companheiro, você não deve dar mais crédito a esses homens do que aos que trabalham em outras áreas de atividade. Julgue um indivíduo pelo que ele é e pela consideração que lhe tem, e não só pelo modo como ele ganha a vida.

Muito do que nos atrai em determinada profissão é a ideia que fazemos dela e do tipo de pessoa que a escolheu. É por isso que médicos e músicos são homens dos sonhos de um sem-número de mulheres. Tire um tempinho para pensar no que essas carreiras significam para você e no que acha que levou os profissionais que as exercem a optar por elas. A partir daí, comece a procurar paqueras com essas qualidades.

Salário

Muitos homens acham que as mulheres só se interessam pelo que eles ganham. Esses sujeitos são uns patetas. Essa ideia, porém, não caiu do céu – embora as garotas valorizem inúmeras outras coisas que não a conta-corrente de um indivíduo, muitas ainda dão mais importância ao dinheiro do que deveriam. Como têm a própria carreira, hoje em dia as mulheres não estão mais tão interessadas nos salários masculinos como antigamente. Mesmo assim, ainda há quem deseje um companheiro com altos rendimentos não só por almejar os confortos proporcionados pelo dinheiro como também por não estar apta, ou disposta, a ganhar bem por si mesma. No entanto, o salário, assim como a profissão, não lhe diz que tipo de pessoa ele é ou como vai tratar você.

Julgar um homem pelo salário dele não é diferente de ele julgá-la pela sua aparência – você é bem mais do que seu rosto ou seus seios, certo? Pois então, os homens não se resumem ao seu extrato bancário. Não há uma só pessoa no mundo que não gostaria de ter mais recursos financeiros ou namorar alguém que os tenha. E não há nada de errado em desejar que seu companheiro tenha um emprego respeitável com um salário decente. Entretanto, o dinheiro e os confortos que o acompanham não substituem a felicidade junto de sua alma gêmea.

Estatura

As mulheres valorizam a altura de um rapaz. Isso não é nenhum absurdo, porém algumas garotas dão mais importância à estatura do que o necessário. Para entender o que estou dizendo, visite algum site de namoro e veja as qualidades que as mulheres procuram em um homem. Em minha pesquisa, percebi um interessante padrão de comportamento feminino: independentemente de sua estatura, grande parte das garotas ansiava por um parceiro uns 15 centímetros, no mínimo, mais altos do que elas. Esse padrão era tão comum que o denominei "A Lei dos 15 Centímetros".

Sei que muitas mulheres têm fantasias com sujeitos bem altos e robustos, mas, sinceramente, esse grandão precisa ser tão mais alto do que você? Você vai mesmo usar aquele salto agulha de arrebentar os tornozelos toda vez que estiver em companhia dele? Há caras bacanas de todas as estaturas. E, ao fazer questão de namorados com uma altura muito superior à sua, você está excluindo da lista não só uma porção de homens interessantes, mas também uma porção de gente que vale a pena.

Amy, que tem 1,55 m de altura, sempre gostou de homens altos. E fazia questão de que todos os seus namorados medissem mais de 1,83 m, pois assim se sentia miúda e delicada. Por causa disso, namorou rapazes de estatura elevada e ignorou os "baixinhos" – ou seja, todo indivíduo com menos de 1,83 m. Entretanto, o namoro com os grandões nunca foi adiante. Por fim, Amy conheceu um ótimo rapaz e apaixonou-se por ele, que a tratava como uma rainha. E qual era a altura desse cara tão especial? Um metro e sessenta. E a mania de Amy de ter namorados que fossem bem altos? Foi para o espaço.

A altura não faz o homem; o que faz um homem é a confiança que ele tem em si. Eu jamais iria lhe sugerir namorar alguém por quem você não se sente atraída – o que estou dizendo é: dê uma oportunidade a um possível namorado independentemente da altura que ele possa ter. O homem que vai fazê-la feliz de verdade pode não ter a aparência dos seus sonhos, mas nem por isso você deixará de sentir uma atração incrível por ele.

Escolaridade

Muitas mulheres fazem questão de um namorado com ensino superior em qualquer área ou formação especializada em medicina ou direito. Até certo ponto, é compreensível. O ensino formal nos fornece competências variadas e uma visão mais ampla do mundo, e um indivíduo culto geralmente é uma pessoa realizada. Entretanto, há quem exagere na relevância concedida à educação em detrimento de outros quesitos igualmente importantes.

Em primeiro lugar, um diploma de curso superior não significa necessariamente que ele é um sujeito brilhante – o mais difícil de fazer uma faculdade não é vencer o vestibular e o desafio intelectual representado pelo curso, mas sim arcar com o desafio financeiro representado pelas mensalidades e, em quase 100% dos casos, foram os pais dele que se encarregaram dessa conta. Em segundo lugar, a diplomação em um curso superior não é garantia de que ele vai progredir na vida – se já passou algum tempinho em um campus universitário, você sabe muito bem que inúmeras pessoas que o frequentam estão mais preocupadas em divertir-se do que com os estudos. Por fim, vivemos em uma sociedade em que todos têm chances de progredir – muitos milionários e empresários de sucesso não cursaram universidade nenhuma.

O que quero dizer é o seguinte: não dê muita importância a um diploma de curso superior. Como deve fazer em relação a todos os outros aspectos que estamos abordando, examine o que está além da superfície para perceber melhor que tipo de pessoa ele é.

Idade

Quando voltam a atenção ao mundo masculino, há mulheres que restringem suas opções a uma faixa etária bastante rígida, e nessa faixa etária quase nunca há lugar para os mais jovens. Isso acontece em virtude de essas mulheres acreditarem que um parceiro mais novo não teria como oferecer o que elas mais querem: maturidade, realização pessoal e disposição para assumir um compromisso. Até certo ponto, faz sentido – como os homens amadurecem mais lentamente do que as mulheres, presumimos que um homem mais novo do que nós ainda tem muito que aprender. Em alguns casos, isso é verdade; em outros, não é. Ao excluir os mais jovens da lista, você está descartando um punhado de indivíduos que poderiam vir a ser sua cara-metade. Além do mais, nem sempre idade é sinônimo da maturidade!

Este conselho é especialmente importante porque o tempo não parou para você. Aos 27 anos, namorar alguém mais novo pode ser complicado, afinal é pouco provável que um rapaz com menos de 25 já tenha a maturidade que você está buscando. Todavia, aos 30 anos ou mais, você vai descobrir que homens com mais de 25, e sem dúvida os com mais de 30, quase sempre são bastante maduros e estão profissionalmente realizados; portanto, em plenas condições de suprir suas necessidades.

Não estou propondo que você não dê importância para profissão, renda, estatura, educação ou idade. Estou só dizendo que, na busca pelo parceiro ideal, você não deve julgar um homem (ou rejeitá-lo) com base apenas nesses cinco critérios. Vá mais fundo. E use uma boa lupa.

A importância do discernimento

Se fosse para lhe dar um só conselho, eu lhe diria que usasse o discernimento ao namorar, sobretudo se estiver à procura de relações duradouras ou mesmo de casamento. Uma série de uniões (matrimônios ou relacionamentos) entram em crise porque as pessoas nelas envolvidas não tiveram o discernimento necessário quando ainda namoravam. Usar o discernimento significa saber o tipo de companheiro que você quer e a natureza do vínculo que lhe interessa, evitando namorar pessoas que não se encaixem nesses critérios. É mais do que esquivar-se de cafajestes, violentos ou beberrões; é dizer não a indivíduos com quem você não tem afinidades, por mais que simpatize com eles. O truque é concentrar o foco no que o homem tem dentro de si, no que ele realmente é e no modo como a faz sentir-se.

À maioria das mulheres não foi ensinado como usar o discernimento. A capacidade de discernir e optar por parceiros que têm tudo a ver conosco é uma técnica que se aprende com a prática. Assim, quanto maior a experiência, mais rápido se aprende.

Usar o discernimento facilita muito sua vida amorosa. Quando descobre o que quer de verdade, você deixa de namorar indivíduos que não têm como suprir seus anseios e suas necessidades para concentrar-se nos poucos que realmente correspondem às suas expectativas. Namorar é mais do que atrair o sexo oposto; é selecionar parceiros, e conseguir o parceiro ideal para você.

Uma boa maneira de lhe mostrar como ter discernimento é dar alguns exemplos de circunstâncias em que há *falta* de discernimento. Aqui vão eles:

- Namorar alguém com quem você não tem quase nada em comum porque ele é bonito ou ganha muito bem.
- Namorar um homem com quem você tem muito em comum, porém sentindo que não há a menor química entre ambos.
- Namorar um rapaz que você sabe não ser a pessoa certa porque se sente entediada ou solitária.
- Continuar a sair com um homem que já cancelou um encontro no último instante (sem um bom motivo) ou deixou de telefonar após prometer que ligaria.
- Continuar a namorar alguém que sai com outras garotas, mesmo que você deseje exclusividade.
- Continuar a namorar um rapaz que não dá sinais de estar verdadeiramente interessado em você.
- Namorar alguém que a trata mal, em qualquer sentido.
- Namorar um homem que não corresponde às suas expectativas ou não se enquadra nos seus critérios.
- Namorar homens casados ou que já têm outros compromissos.

Uma forma de referir-se a quem não faz bom uso do discernimento é chamá-lo de *conformado*. Conformar-se é aceitar menos do que realmente necessitamos em um relacionamento. Há quem pense que conformar-se é namorar alguém que não atende a todas as nossas exigências quando, na verdade, é namorar uma pessoa que não combina conosco ou não nos trata como deveria. Por ironia, ser exigente pode levar ao conformismo. Quando uma mulher exige demais, seu companheiro não consegue suprir suas necessidades e, no fim das contas, ela desiste do que almeja e acaba se conformando com o que tem.

A sociedade adora compelir seus cidadãos, sobretudo as cidadãs, a se conformarem. Há sempre alguém pronto para puxar suas orelhas se você romper com um namorado com quem não tinha química ou que não a tratava com carinho. Aliás, a pressão para que se casem acaba fazendo com que muitas mulheres se conformem com qualquer tipo de homem que apareça na frente delas. Do mesmo modo, não são poucas as que se conformam em engravidar diante da insistência para que tenham filhos ao atingir certa idade. A inexperiência, o desespero, a solidão e a baixa autoestima também levam ao conformismo. É por isso que é tão importante saber do que você precisa em um relacionamento e evitar quem não tem condições de suprir suas necessidades, mesmo que essa atitude signifique uma vida amorosa menos agitada.

Aos 30 anos, bonita e bem-sucedida na carreira, Ashley está pronta para assumir um compromisso sério, casar-se e constituir família. Para namorar, busca sempre o mesmo tipo de rapaz: muito bonito, seguro de si e com um emprego de primeira linha. Quando conhece o "príncipe", eles namoram e se envolvem emocionalmente, porém o relacionamento nunca vai para a frente. Esse tipo de rapaz sempre acaba por abandoná-la, tratá-la com rispidez ou traí-la com outra garota. O problema de Ashley é que, ao escolher um namorado, ela é exigente mas não age com discernimento. Ashley presta atenção só na aparência e na posição social de determinado rapaz e deixa de levar em conta se ambos combinam ou a forma como ele a trata. No momento, ela ainda anda à procura da sua "cara-metade".

Juntando tudo

Se combinar as características de uma pessoa exigente com as de quem tem discernimento, você verá com mais clareza como se aplicam ao namoro.

Com discernimento	Sem discernimento
Exigente	
Detalhista, vive procurando defeitos, crítica	Preocupa-se antes de tudo com aparência, com status ou com dinheiro
Os relacionamentos são poucos e com longos intervalos	Embora pareçam promissores a princípio, os relacionamentos são insatisfatórios no longo prazo

Busca o homem perfeito	Busca o "sr. Status"
Exemplo: a mulher com fobia a compromisso, que nunca consegue encontrar o namorado certo	Exemplo: uma mulher que só namora médicos bonitos
Não exigente	
Com o foco centrado na química e na compatibilidade	Critérios falhos, baixa autoestima ou inexperiente
Maiores chances de os relacionamentos darem certo com o tempo	Relacionamentos insatisfatórios
Busca a cara-metade	Busca a cara-metade "já", a qualquer custo
Exemplo: uma mulher que escolhe parceiros que combinem com ela	Exemplo: qualquer mulher em um relacionamento com um sujeito que a maltrata

A tabela anterior ilustra o tópico em questão, mostrando a você como as mulheres namoram e os tipos de homens que buscam com base em seus níveis de exigência e discernimento.

No entanto, não é só o sexo feminino que tem problemas nesse aspecto. Embora não sejam tão exigentes quanto elas, os homens também cometem seus erros. Quando se trata deles, a exigência quase sempre se dá quanto à aparência, pois os exigentes nunca querem menos do que a "gostosona". Em geral, esse tipo de homem não usa o discernimento nem o bom-senso ao escolher uma parceira porque está preso à aparência física.

Aqui vai o mesmo quadro com exemplos masculinos:

Com discernimento	**Sem discernimento**
Exigente	
Acha defeitos em todas as mulheres	Busca "gostosonas", a esposa que possa exibir como um troféu, ou mulheres muito mais jovens
Tem dificuldade em aproximar-se das mulheres	Escolhe mulheres que não combinam com ele

Comum em: homens que não conseguem assumir compromissos; homens com problemas em relação às mulheres	Comum em: homens mais jovens; homens ricos/bem-sucedidos
Ex: Jerry de Seinfeld	Ex: a maioria dos clientes de Patti, de Millionaire Matchmaker
Não exigente	
Quer mais do que beleza física	Tem critérios frágeis
Quer uma companheira que também seja amiga	Geralmente jovem, inexperiente, imaturo ou sem a prática necessária
Comum em: homens experientes; homens muito cultos e instruídos	Comum em: jogadores, jovens ou homens entre um compromisso e outro
Ex: Ross de Friends	Ex: Joey de Friends

A maturidade e a experiência ensinam aos homens como estabelecer critérios mais consistentes. E a você também.

A seguir, vou ajudá-la a colocar todos esses conceitos em prática por meio de uma lista.

Elaborando a lista

Para evitar que tenha de conformar-se em abrir mão de seus anseios, você precisa saber exatamente o que quer. E, para isso, necessita de uma lista com as características que gostaria que seu companheiro tivesse. Abarcar todos os itens possíveis de uma lista desse tipo é tarefa impraticável; assim, vou enumerar alguns aspectos a serem considerados:

- **Aparência:** constituição física, cor da pele, estilo pessoal.
- **Personalidade:** sério ou brincalhão, competitivo ou descontraído.
- **Estilo de vida:** alimentação, hábito de beber/usar drogas, hobbies, passatempos.
- **Profissão:** formação, área de atuação, emprego, ética no exercício da profissão.
- **Finanças:** rendimentos, responsabilidade financeira, hábitos de consumo.

- **Valores:** crenças religiosas, posições políticas e sociais, identidade cultural.
- **Bagagem:** história conjugal, filhos, história familiar e pessoal.
- **Metas:** metas pessoais, objetivos financeiros e profissionais.

A lista anterior inclui itens que a maioria das pessoas leva em conta quando busca um companheiro. Há, porém, alguns aspectos que são cruciais e que muita gente esquece de considerar:

Sua opinião geral sobre ele. Você o respeita? Admira as conquistas dele ou quanto progrediu na vida? Sente orgulho ao apresentá-lo a sua família ou seus amigos?

Como se sente quando está com ele. Ele a faz rir? Faz você pensar? Você se sente descontraída junto dele? Gosta da companhia dele?

Como ele a trata. É educado? Carinhoso? Sabe ouvir? Ajuda você com a louça? Telefona quando promete? Elogia você? Consola você ao vê-la chorar? De nada adianta um bonitão bem-sucedido e viril que não a trata como você merece.

A forma como ele se relaciona. Ele é romântico ou pragmático? Afetuoso ou mais reservado? Gosta de passar bastante tempo em sua companhia ou precisa de espaço? É comunicativo ou introvertido?

O relacionamento que ele busca. Ele quer um namoro informal, um compromisso estável ou casamento? Este é provavelmente o item mais negligenciado da lista e o que causa mais problemas nos namoros e relacionamentos, quase sempre porque um dos lados (ou ambos) envolve-se emocionalmente antes de perceber que o outro não deseja o mesmo. Além disso, ele quer filhos? No geral, ele quer o que você quer?

A lista de itens pode ter a extensão que lhe aprouver, e você pode colocar nela tudo o que achar relevante. Há, porém, mais dois fatores a considerar quando for elaborá-la: primeiro, cuide de diferenciar o que você gostaria do que você *precisa*. Assim: embora goste de homens altos, você poderá descobrir que *não* precisa de um gigante para ser feliz. Discernir uma predileção de um atributo essencial vem com a experiência. O importante é não abrir mão de itens que considera imprescindíveis; os demais você pode ir avaliando caso a caso.

O segundo fator: toda lista é uma obra em aberto, um trabalho em andamento; pode e deve expandir-se à medida que você for se conhecendo melhor e descobrindo o que realmente importa para você. Vez ou outra você vai conhecer um homem que não se adequa aos seus critérios em um ponto ou outro, mas isso não a impedirá de gostar dele. Por exemplo: você prefere bacharéis, então conhece um sujeito muito bacana que não terminou a faculdade. Namore-o, veja se essa questão de escolaridade é assim tão importante e, se for o caso, altere sua lista.

Como namorar com critérios sólidos

Agora que já discutimos o conteúdo de sua lista, aqui vão algumas sugestões para ajudá-la a manter-se fiel aos seus critérios quando você namorar:

Decore sua lista. Após formular uma lista bem detalhada, não deixe de voltar a lê-la a fim de memorizar tudo o que você quer e também promover as alterações que julgar oportunas. Isso vai aumentar muito suas chances de encontrar um rapaz com os atributos que você deseja.

Mantenha-se fiel ao que considera fundamental. Por mais que se sinta sozinha, entediada ou ávida por um relacionamento, não namore quem não tem o que você julga imprescindível. Para que perder tempo com a pessoa errada? Se optar por desobedecer a essa regra, fique atenta às consequências. Se o resultado da sua "transgressão" for positivo, pode ser uma boa oportunidade para revisar sua lista; se for negativo, ficará patente a importância do item que você desrespeitou.

Dê menos ênfase aos itens de natureza "exigente". Concentrar-se em aspectos superficiais não vai levá-la a um relacionamento feliz. Muitas mulheres imaginam desejar um companheiro alto ou rico e depois descobrem que são perfeitamente felizes com um homem mais baixo ou com um salário mediano. Não há nada demais no fato de sua lista conter itens "exigentes", porém limite o número deles se estiverem assinalados como imprescindíveis.

Teste os itens de natureza "exigente". Para descobrir se um item de cunho exigente é dispensável ou essencial, faça um teste – namore um cara de quem gosta e com características que lhe agradam, porém sem algum atributo que você acha importante, então veja o que acontece. Pode ser que acabe se convencendo de que seus instintos estavam certos e que escolaridade (ou altura, idade etc.) é realmente importante para você. Ou pode ser que tenha a grata surpresa de descobrir que a concessão que pensava ter feito não era, no final das contas, concessão nenhuma. De minha parte, não ligo muito para rendimentos, escolaridade ou estatura, no entanto é fundamental que meu companheiro tenha ótimas condições físicas. Já testei esse item e, sinceramente, não posso abrir mão dele.

Não se conforme. Às vezes é fácil ficarmos presas a itens do tipo "exigente" e esquecer-nos de avaliar se combinamos com nosso paquera, como ele nos faz sentir ou se a química que há entre nós é adequada. Por exemplo: pode ser que você conheça um rapaz e depois descubra que ele não está nem um pouco interessado em casar-se; continuar com ele seria conformar-se. Não namore quem não condiz com seus critérios. Namorando com discernimento você terá uma vida amorosa menos agitada, mas os relacionamentos que tiver serão muito mais promissores. Resista em nome do que é melhor para você – muitas mulheres ficam com os caras errados porque nunca tiveram um namorado que valesse a pena. Após se conscientizar de que pode ter o companheiro que sempre quis, você não vai se conformar com qualquer um.

Faça o exercício do homem dos sonhos. Separe um tempinho para pôr no papel a descrição de seu homem dos sonhos. Que aparência ele tem? Quais são os traços característicos da personalidade dele? Como ele trata você? Anote todos os detalhes que vierem à sua mente. Em seguida, examine com calma tudo o que escreveu. Quais são os aspectos essenciais? Ele a atrai fisicamente? É um batalhador que deu certo na vida? É romântico e afetuoso? Escreva os motivos pelos quais você aprecia as qualidades que vê nesse homem; seja ele quem for, são essas as qualidades que você valoriza. Ainda que não exista, o homem dos sonhos pode lhe mostrar o que você acha mais importante em um companheiro.

A paquera na internet

Se você já participou do mundo do namoro pela internet, está a par das inúmeras vantagens e desvantagens que esse tipo de paquera oferece. E uma desvantagem em que talvez não tenha reparado é que namorar na rede estimula uma pessoa a ser exigente e dificulta o uso do discernimento.

Quem namora pela internet geralmente sofre da "Síndrome de Faça-um-Esboço-do-seu-Par-Ideal". Sites de namoro permitem ao usuário selecionar traços físicos bem específicos, como cor dos cabelos e dos olhos, altura, peso, escolaridade e salário antes mesmo de vir a conhecer alguém. Isso é problemático. Quem garante que aquele charmoso loiro de olhos azuis, com título de mestrado e fã de atividades ao ar livre, não vai se revelar um esquisitão, um tremendo de um convencido ou um preguiçoso de marca maior?

Veja estes dois exemplos de garotas que não souberam usar o namoro on-line a seu favor.

A fim de aumentar suas chances de conhecer um cara bacana, Jaclyn resolveu começar a paquerar pela internet. Ao selecionar seus critérios de busca em um site de namoro, escolheu rapazes da sua idade ou pouco mais velhos, com mais de 1,80m, que morassem a poucos quilômetros de distância de sua casa e com rendimentos maiores do que os seus; dos milhares de sugestões que obteve em resposta ao perfil que esboçou, só três se encaixavam naqueles critérios.

Renee inscreveu-se em um grande site de namoro, fez suas buscas, saiu com uns poucos rapazes que satisfaziam seus critérios e não teve a mínima sorte. Tempos depois, foi a um churrasco na casa de um amigo e conheceu um rapaz fantástico. Os dois deram-se muito bem, começaram a namorar e, por fim, acabaram casando-se. Durante o namoro, ambos descobriram que haviam frequentado o mesmo site de namoro, na mesma época, sem que o sistema de combinações os tivesse indicado um ao outro. Por quê? Renee havia selecionado rapazes com mais de 1,80m de altura (seu marido tem 1,70m), e ele havia selecionado garotas com sua idade ou mais novas (Renee é dois anos mais velha que ele).

Jaclyn sofria da Síndrome de Faça-um-Esboço-do-seu-Par-Ideal. Por mais que seu ideal de namorado devesse ter a mesma idade que ela, por que recusar peremptoriamente rapazes um ou dois anos mais novos? Passada a adolescência, um par de anos a menos não faz a menor diferença. Embora selecionasse mais de 1,80m como a altura desejada em um parceiro, ela mede 1,58m, então por que desprezar rapazes com 1,70m ou 1,75m? Por que não se locomover alguns quilômetros a mais para estar junto do homem de seus sonhos? E por que seu namorado não poderia ganhar um pouco menos do que ela?

Embora não tão exigente quanto Jaclyn, Renee quase perdeu a oportunidade de conhecer o marido por causa de um critério questionável como a altura, um detalhe que, no fim das contas, praticamente não faz diferença. E o mesmo quase se passou com o marido dela; novamente, por causa de um critério bastante frágil!

Outra desvantagem de tentar arrumar um namorado pela internet é a dificuldade para usar o discernimento, uma vez que você não tem como ter uma impressão acurada do "candidato" até conhecê-lo pessoalmente, o que aumenta suas chances de ir ao encontro de um autêntico babaca.

Aqui vão algumas sugestões para ajudá-la a evitar homens que seriam pura perda de tempo:

Leia atentamente o perfil dele. É possível fazer uma boa ideia do caráter dele a partir da leitura do perfil. Evite quem faz comentários difamatórios, ainda que você concorde com a crítica (por ex: ele odeia os petistas). Seja cautelosa com perfis desleixados ou com quem escreve muito mal. E fique longe de quem não posta fotos – um sinal de que o sujeito provavelmente tem o que esconder. Além do risco que representa, esse expediente é comumente usado por homens casados na tentativa de "pescar" uma mulher para levar para a cama.

Quando demonstrarem interesse por você. Responda a indivíduos amáveis e bem-educados. O mais apropriado é que a tratem pelo nome ou pelo apelido, mostrem-se interessados em conhecê-la melhor e comentem algo que você escreveu no seu perfil. Evite quem faz comentários tolos, observações de cunho sexual ou dá a impressão de não estar levando o contato proposto pelo site a sério.

Quando vocês estiverem trocando mensagens. Um sujeito atencioso deve responder prontamente quando você entrar em contato. Se ele demora mais do que três dias para responder a uma mensagem, pode ser que não esteja realmente interessado ou seja um grande presunçoso. Quem não for digno de confiança via e-mail certamente não o será na vida real. Ao pedir para conhecê-la pessoalmente, ele deve, em respeito à sua segurança, sugerir um local público para o encontro. Ignore quem não a trata com gentileza, bons modos e consideração. Aceite conhecê-lo pessoalmente só quando se sentir preparada e à vontade para fazê-lo. E não deixe de confiar em seu sexto sentido – se algo não soa bem, seja por que motivo for, não se dê ao trabalho de investir nesse relacionamento.

Paquerar pela internet pode ser uma ótima forma de conhecer alguém, porém requer uma abordagem distinta do namoro tradicional. Reduza seu nível de exigência e tente usar todo o discernimento possível antes de decidir-se por conhecer um pretendente pessoalmente. É provável que você acabe se deparando com uma porção de homens que não correspondem às suas expectativas, mas também é bem possível que conheça alguém muito especial.

Em qualquer canto do planeta, seja homem, seja mulher, todo mundo quer o mesmo – um companheiro que desperte seu desejo e com quem se dê bem de verdade. Em suas fantasias, é possível imaginar que você e um médico ou um bonitão vão se entender às mil maravilhas. Na realidade, porém, a pessoa com quem você terá um relacionamento invejável raramente é aquela dos seus sonhos. Mantenha-se aberta a todas as possibilidades e não descarte um possível namorado por motivos fúteis. Descarte-o porque ele não é a pessoa certa para você.

Erro nº 5

Você não entende os homens

> *"As mulheres cometem o erro de esperar que os homens sintam, se expressem e reajam como uma mulher".*
>
> John Gray, em
> *Homens são de Marte, mulheres são de Vênus*

Em um artigo sobre namoro publicado na internet, em resposta a uma garota que pedia sugestões para conquistar um namorado ou fazê-lo feliz, a "especialista" recomendou: "Envie flores para ele. Os homens raramente recebem flores". Claro, os homens são muito mais do que meros carnívoros vivendo em cavernas, mas você por acaso já conheceu algum homem que coloque "flores" no topo da lista das coisas que o fazem sentir-se especial? Essa especialista não entende bulhufas do mundo masculino.

Se já trabalhou no comércio ou em uma empresa que vende algum produto, você sabe muito bem que quanto melhor compreender seu cliente, maiores serão suas chances de realizar um bom negócio. Pois bem, nos relacionamentos amorosos também é assim. Ao paquerarmos, estamos de certo modo "vendendo nosso peixe" aos interessados, e eles fazem o mesmo conosco. Assim como os homens que entendem o mundo feminino têm mais chances de conseguir uma namorada, as mulheres que entendem o mundo masculino costumam ter um punhado de devotados admiradores disputando sua companhia.

Você entende os homens? Se indagar a um indivíduo qualquer se ele entende as mulheres, provavelmente ele vai confessar que não as compreende lá muito bem. No entanto, se perguntar a um considerável número de mulheres se elas entendem os homens, a maioria dirá que os compreende perfeitamente. Entretanto, se fosse realmente assim, eles não viriam queixar-se comigo de incompreensão! A verdade é que grande parte das mulheres poderia tentar compreendê-los bem mais. Afinal, quanto melhor os entendermos, e em especial a forma como eles veem o namoro, melhor nos sairemos ao namorá-los.

Este capítulo vai examinar o que você tem de saber a respeito dos homens quando paquera ou namora. Não é preciso estar a par de tudo ou entendê-los perfeitamente. O importante é ter um bom conhecimento sobre como eles encaram o namoro e tentar ver as coisas do ponto de vista deles, e não somente do seu.

Há muitas maneiras de equivocar-se em relação ao mundo masculino, porém a maioria delas desemboca em uma das quatro abordagens a seguir.

"Ora, os homens não são tão diferentes assim."

Há mulheres que não se dão conta de que os homens são diferentes delas em certos aspectos fundamentais. São as que presumem que, porque gostam de algo, eles também vão gostar. Por exemplo: em um encontro, uma garota se põe a descrever em detalhes as promoções oferecidas na liquidação de determinada loja de departamentos, afinal se trata de um assunto que ela e suas amigas adoram. A falta de percepção de que os homens são diferentes de nós geralmente advém da inexperiência.

Não compreender que eles têm uma visão do namoro distinta da visão feminina pode criar obstáculos ao bom progresso da paquera. Por exemplo: o homem deve convidar a mulher para sair, e ela deve esperar ser convidada. Essa não é uma regra inflexível e, embora convidar um homem para sair seja perfeitamente natural em certas circunstâncias, na maioria das vezes o convite fica a cargo dele. A propensão do macho a tomar a iniciativa em relação à fêmea tem origem no desenvolvimento biológico da espécie; assim, deve haver algum motivo para que um homem não a convide para sair se você mostrar-se atraída por ele. A mulher que não percebe que os homens são diferentes acaba indo atrás de indivíduos com outros compromissos ou indiferentes a ela.

Outro exemplo: há homens que vão para a cama com uma mulher por quem não têm outro interesse além do sexo, ao passo que a maioria das mulheres costuma ter afeição pelo homem com quem faz sexo. De novo, não se trata de uma norma que não admite exceções, no entanto é assim que acontece. A mulher que não compreende essa diferença entre os sexos pode ter uma decepção sem tamanho se o sujeito por quem estiver interessada quiser apenas uma parceira de cama, e não um relacionamento mais sério.

Falaremos mais sobre esse assunto no decorrer deste capítulo.

"Os homens são tão diferentes que nem sei como lidar com eles."

No lugar de pensar que ambos os sexos são iguais, há mulheres que partem do extremo oposto e imaginam que o homem e a mulher sejam o oposto um do outro. Convictas de haver profundas diferenças entre o universo masculino e o feminino, elas tecem observações genéricas e redutoras que abrangem os dois. Muitas veem os homens como uma espécie distinta, totalmente diferente da nossa. "Parece que vieram de outro planeta", dizem elas. Mulheres que pensam assim provavelmente tiveram problemas com o sexo oposto; a falta de compreensão entre grupos de pessoas que diferem entre si acaba criando conflitos entre eles. Esse tipo de pensamento também pode ser produto de um lar no qual o pai e a mãe seguiam padrões conservadores, baseados nas tradições, criando os filhos de um modo e as filhas, de outro.

Mulheres com esse tipo de opinião costumam ver as diferenças entre masculino e feminino com certo simplismo, sem quaisquer nuances, recusando-se a enxergar a existência de atributos em comum. Por exemplo: uma garota que pensa dessa maneira dirá que os homens gostam de sexo e as mulheres gostam de trocar carinhos, alheia ao fato de que, embora de modos diversos, ambos os gêneros gostam tanto de fazer sexo como de namorar na cama.

O problema desse tipo de visão é criar um abismo entre você e seus parceiros ao colocar o foco nas diferenças, em vez de direcioná-lo para a busca de uma maneira de compreender as divergências ou mesmo superá-las. Este capítulo vai discutir essas diferenças e a forma de lidar com elas, além de sugerir formas de ver as coisas a partir do ponto de vista masculino. Enquanto não conseguir entender que os homens são seres humanos com várias necessidades semelhantes às suas, você terá dificuldades em sua vida amorosa.

"Todos os homens são..."

Todo mundo utiliza estereótipos. E, com respeito aos relacionamentos, não é diferente: as mulheres têm ideias estereotipadas acerca dos homens, os homens têm ideias estereotipadas acerca das mulheres, e livros e matérias de aconselhamento amoroso têm ideias estereotipadas acerca de ambos os sexos. Por que isso acontece? O comportamento humano, no qual se inclui a conduta afetiva, é muito complexo e nem sempre previsível ou de fácil compreensão. Estereotipar, ou usar generalizações e ideias preconcebidas, é um instrumento de que as pessoas se servem no intuito de entender um pouco melhor algo complicado. É um procedimento válido – até certo ponto. O problema se dá quando esquecemos que o estereótipo é uma simplificação. Ele é parte da verdade, e não toda a verdade.

Estereotipar é pegar os comportamentos mais comuns no sexo masculino e transformá-los em um "modelo" a ser aplicado a todos os homens do mundo, em quaisquer circunstâncias. Os estereótipos simplificam ao máximo condutas complexas a fim de reduzi-las a um pacote de fácil compreensão – por exemplo: "Homens gostam de sexo e mulheres gostam de namorar" ou "Os homens raciocinam com o órgão genital". O problema com esse tipo de visão é que a maioria dos homens não se encaixa nos modelos estereotípicos. Alguns gostam de trocar carinhos; outros, nem tanto.

Além disso, há hoje em dia uma tendência de nos referirmos aos homens como "seres simples". Eles dizem isso, mulheres dizem isso, especialistas dizem isso. Talvez até seja mais fácil compreender certos homens do que certas mulheres, mas eles não são tão simples assim. Ainda que possa compartilhar determinadas características com seus iguais, cada homem é único. Nem todos possuem atributos "tipicamente" masculinos, e os que os têm geralmente os apresentam nas mais variadas gradações. Veremos alguns exemplos disso mais adiante.

É muito provável que você já tenha passado raiva com certos estereótipos. Por exemplo: um amigo ou especialista em namoro comenta que "As mulheres não sentem atração por um cara bonzinho". Como você, que adora caras simpáticos, educados e atenciosos, sente-se diante disso? "As mulheres preferem filmes românticos", dizem eles. Sim, *Orgulho e preconceito* é um dos meus favoritos, mas divide espaço na estante com *Kill Bill* e *Mong & Loide*. Se nós não nos encaixamos em todos os clichês femininos, por que nossos parceiros haveriam de se encaixar nos masculinos?

Cuidado com estereótipos. Até certo ponto, podem ajudá-la a compreender o mundo dos homens. Contudo, tenha em mente que há indivíduos de todos os tipos e perfis, e os estereótipos não têm como esclarecer muito mais do que isso.

"Sei muito bem como os homens são — já tive três namorados!"

Grande parte do que acreditamos e supomos em relação ao sexo oposto vem de experiências pessoais, que se iniciam com nossos pais e se estendem aos homens com quem nos envolvemos. Se os indivíduos com quem nos relacionamos forem uns babacas, então concluímos que todos os demais também o são. Se forem infiéis, presumimos que não há homem que não sucumba facilmente a tentações.

Há muitas mulheres que não se dão conta de fazer esse mesmo tipo de generalização. E, quando alguém as contradiz, tentam justificar seus pontos de vista com argumentos como: "Ah, mas a minha experiência me mostrou que é assim que os homens são. E todas as minhas amigas passaram por experiências semelhantes!". O problema dessa forma de pensar é tornar-se uma profecia autorrealizável... que vai afugentar todos os homens que valem a pena!

Se nossas crenças acerca do universo masculino baseiam-se em nossas experiências, o inverso também é verdadeiro – nossas experiências são fundamentadas em nossas crenças. Se acreditamos que os homens são cafajestes, é um cafajeste que iremos atrair para nossa vida. Alguns chamam esse fenômeno de "lei da atração", uma tese muito bem documentada em livros como *O segredo* e já demonstrada inúmeras vezes em experimentos psicológicos.

Quem tem determinada opinião vai procurar exemplos que confirmem suas convicções e ignorar os fatos que as contrariem –

sem ao menos se dar conta do que está fazendo. Se conviveu com sujeitos infiéis, você olha ao redor e só consegue enxergar maridos espichando o olho para qualquer mulher que apareça, fazendo vista grossa aos casados que respeitam as esposas; como toda a sua atenção está voltada para os desleais, é esse o tipo de homem que acabará atraindo. E porque é assim que vê o mundo, você atrai amigas com ideias e experiências iguais às suas, o que só reforça suas convicções. É um círculo vicioso.

Especialistas em namoro também podem tornar-se vítimas dessa interpretação equivocada do mundo. Por acaso você já reparou que duas especialistas podem dar conselhos divergentes sobre o mesmo assunto? Um dos motivos para que isso aconteça é que, com base em suas próprias experiências e convicções, ambas veem o mundo a partir de distintas perspectivas. Por exemplo: certa especialista é da opinião de que todo homem é aventureiro por natureza, logo uma mulher precisa ser muito provocante para que o namorado não perca o interesse por ela. Essa especialista aconselha as mulheres a deixar que seus parceiros arquem com todas as despesas (eles se sentiriam diminuídos se elas os ajudassem a pagá-las) e a recusar sexo por um bom lapso de tempo (eles não as respeitariam se elas fizessem sexo com frequência). Essa mesma especialista confessa que seu pai havia sido um grande mulherengo – e, diante dessa informação, os conselhos dela deixam de ser uma inusitada surpresa. É provável que essa profissional dê ótimos conselhos para quem namora aventureiros, mas certamente não deve ser tão competente assim com quem namora um sujeito normal.

No campo da pesquisa comportamental, o que interessa são os padrões de conduta, não as atitudes de uma ou duas pessoas. Se for para estudar o universo masculino, não se pode entrevistar um, dois ou mesmo 20 rapazes – é preciso entrevistar centenas de indivíduos com as mais variadas origens, posições sociais, formação educacional etc. O mesmo vale para você. Se quiser mesmo entender os homens, você terá de ir além das suas experiências. Se quiser ter um relacionamento que valha a pena, precisa se conscientizar do quanto suas experiências influenciam a forma como você vê o sexo oposto e os homens que escolhe para namorar.

Enfim, tenha sempre em mente que nossas opiniões a respeito dos homens fundamentam-se em nossas experiências e nosso conjunto de valores e princípios, que são pessoais e, portanto, únicos.

Examine seus relacionamentos pregressos com o sexo masculino, incluindo seu pai e ex-namorados. Você os tem como exemplo negativo? Presenciou ou sofreu algum tipo de agressão ou abuso? Pôde contar com eles quando precisou? Eles eram possessivos, obcecados pelo trabalho, moralmente fracos? O ponto-chave é estar atenta aos critérios que orientam seus namoros e ciente de que existem outras opções para você escolher. Há homens que jamais trairão a companheira, que sabem amar, que sabem cozinhar ou que simplesmente não se encaixam nas convicções que você tem a respeito do mundo masculino.

Homens: estereótipos *versus* verdade

Nas últimas páginas, discutimos os estereótipos masculinos e a tendência feminina de ver os homens dessa ou daquela maneira. Ainda que possam ser produto de nossas experiências, as ideias estereotipadas acerca dos homens são também solidamente perpetuadas através da TV, de filmes, de livros sobre namoro e até mesmo pelos próprios homens. Estereótipos dão ótimas comédias, porém não são nada engraçados quando aplicados ao relacionamento amoroso. É impossível acreditar em estereótipos e, ao mesmo tempo, entender a cabeça de um homem.

Vejamos uma lista dos estereótipos masculinos mais comuns, seguidos pela veracidade (baseada em pesquisas) a respeito de cada um.

Estereótipo: Os homens raciocinam com o órgão genital.
Verdade: Eles se encarregam de perpetuar esse estereótipo bem mais do que as mulheres – incontáveis comédias de costumes baseiam-se exclusivamente nessa premissa. Certo, um rapaz excitado não é a criatura mais racional na face da Terra e provavelmente vai ver sexo em tudo e qualquer coisa. As mulheres, porém, também tomam decisões equivocadas quando necessitam de sexo (por que você acha que há tantas gravidezes indesejadas no mundo?). E, a despeito do que possam afirmar, eles não estão sempre "em ponto de bala" – a energia sexual masculina varia muito em função da personalidade, da idade e da regularidade das relações. Eles são perfeitamente capazes de controlá-la. Boa parte dos homens que namoram está interessada em muito mais do que sexo, e a maioria deles não tem dificuldade alguma em ser fiel.

Estereótipo: Os homens não respeitam a mulher que vai para a cama nos primeiros encontros.
Verdade: Alguns têm ideias extremamente puritanas em relação às mulheres; é opção deles. Muitos, porém, não têm previamente fixado um número de dias ou de encontros que uma mulher deve esperar antes de ir para a cama com eles. A maioria sabe quando o momento é apropriado – assim como você. E respeito é algo que devemos a nós mesmas, não algo que alguém nos concede porque assim o deseja. A maioria dos homens respeita as mulheres que respeitam a si próprias e fazem sexo quando acham que devem fazer. Se gostar de você, ele ficará a seu lado independentemente do momento em que vocês dois dormiram juntos pela primeira vez. E, é claro, todas nós conhecemos aqueles casais que estão juntos há muito, muitíssimo tempo e que foram para a cama logo no primeiro encontro.

Estereótipo: Os homens sentem-se ameaçados por uma mulher poderosa ou bem-sucedida.
Verdade: Alguns se sentem, sim. O problema, no entanto, não é o seu sucesso, e sim a insegurança desses indivíduos em relação às próprias conquistas (ou à falta delas). Felizmente, muitos ficam bem impressionados perante mulheres que triunfaram, sobretudo se eles próprios atingiram seus objetivos na vida. Entretanto, a arrogância e o espírito de competição que acompanham algumas mulheres bem-sucedidas têm o poder de "esfriar" seus parceiros. Eles necessitam sentir-se prezados e gostam de saber que estão à altura dos padrões de suas companheiras.

Estereótipo: Os homens adoram pornografia.
Verdade: Muitos se interessam por pornografia em algum período da vida, e a maioria não é contra certos tipos de obscenidade. Mesmo assim, há um bom número de indivíduos que não vão atrás de pornografia ou não dão muita importância ao assunto, sobretudo se estiverem desfrutando do sexo na vida real. Se você não gosta de pornografia e nem mesmo de publicações como a *Playboy*, não deixe que lhe recomendem aturar um sujeito sempre às voltas com sites pornográficos ou que mantém pilhas de revistas de nus pela casa. O que não falta são homens que não ligam para isso.

Estereótipo: Os homens gostam de sexo, não de trocar carinhos.
Verdade: Eles gostam dos dois. A maioria não idealiza o romantismo como as mulheres o fazem, porém o valoriza bem mais do que você pensa; eles só não admitem isso porque não querem parecer uns "bananas". Entretanto, há uma ampla diversidade de comportamento quando se trata de romantismo: enquanto alguns homens nunca esquecem o aniversário da companheira ou de casamento e fazem questão de celebrá-los, há aqueles a quem é preciso lembrar certas datas e dar um empurrãozinho para que revelem seu lado mais sentimental.

Estereótipo: Os homens querem apenas "espalhar suas sementes" e não aceitam a monogamia.
Verdade: Normalmente quem acredita nesse estereótipo são os sedutores, os mulherengos ou as mulheres que tiveram companheiros infiéis. Embora tenha sido geneticamente projetado para espalhar sementes, e estar em condições de fazê-lo a qualquer tempo, o homem também foi programado para a monogamia – que garante a sobrevivência e a criação adequada da prole. Muitos desejam a exclusividade ao se sentirem prontos para adotá-la; se não a desejassem, os casais monogâmicos não seriam a maioria absoluta no mundo! Se não acredita em mim, dê uma olhada à sua volta. A grande maioria dos homens, mundo afora e no decorrer da história, sempre teve uma só companheira por vez.

Estereótipo: Os homens têm medo de assumir compromissos.
Verdade: Seja esse compromisso de exclusividade, de morar junto ou casamento, eles vão assumi-lo quando se sentirem preparados. E tomarão essa atitude sem que se tenha de empurrá-los ou insistir incansavelmente até convencê-los. Os homens alimentam esse estereótipo quase tanto quanto as mulheres. Se um rapaz lhe disse que os homens temem assumir compromissos, isso significa que quem teme comprometer-se é ELE. Em dados estatísticos, mais de 90% da população masculina nos Estados Unidos casa-se em determinado momento da vida, a maioria por volta dos 40 anos. Se eles tivessem tanto medo assim de compromissos, essa proporção seria muito menor. Entretanto, é verdade que, na média, demoram mais do que as

mulheres para sentirem-se prontos para assumir uma relação mais séria. E são menos suscetíveis do que elas a pular em um relacionamento para o qual não se sentem preparados. Compromisso é coisa séria, logo um pouquinho de receio não faz mal a ninguém. De mais a mais, a grande maioria dos homens não se deixa paralisar por seus temores.

Estereótipo: Os homens preferem as jovenzinhas.
Verdade: A maioria deles se envolve com mulheres da mesma faixa etária, e a maior parte dos casais é formada por pessoas de idades mais ou menos próximas. Faz sentido – casais de mesma faixa etária têm mais afinidades e dialogam com mais facilidade. No entanto, os indivíduos que se desviam desse padrão geralmente escolhem uma parceira mais jovem, em detrimento de uma mulher madura. Uma das explicações para esse comportamento é a teoria evolutiva: uma fêmea jovem e fértil está em condições de procriar e o macho maduro tem como prover a mãe e seus descendentes, garantindo que a espécie não venha a perecer. É também por esse motivo que as mulheres tendem a escolher parceiros mais velhos do que elas.

Embora os humanos sejam impelidos pela necessidade de reproduzir-se (isto é, pelo sexo), nós, mulheres, somos guiadas também por muitos outros impulsos. Queremos amor. Queremos um companheiro com quem dividir nossas vidas. É por isso que relacionamentos homem maduro-mulher jovem, com menor probabilidade de compatibilidade, não são a regra. É por isso também que relacionamentos mulher madura-homem jovem, uma incoerência do ponto de vista evolutivo, não só existem como vêm se tornando cada vez mais comuns. Ainda que muitos maduros achem as jovens mais atraentes fisicamente, só a atração física não é capaz de sustentar um relacionamento por muito tempo. Homens argutos ou experientes sabem muito bem disso e não vão atrás das jovenzinhas.

Estereótipo: Os homens só ligam para a aparência e preferem as "gostosonas".
Verdade: Alguns especialistas (sobretudo os masculinos) ratificam esse estereótipo. Enquanto alguns indivíduos realmente

reparam na aparência antes de tudo, a maioria deles dá igual ou maior importância a outros atributos, tais como a inteligência, a personalidade e a autoconfiança. E o fato de admirarem mulheres sensuais não significa que eles esperam que suas parceiras sejam nada menos que deslumbrantes. Como você viu no capítulo dedicado ao Erro nº 4, os homens têm fantasias com as belas assim como as mulheres fantasiam com médicos ou músicos bonitões. E por mais que possa fasciná-lo, a beleza não é capaz de manter um homem junto de uma mulher – um relacionamento não se sustenta somente de atração física.

Muitos jovens (adolescentes ou na faixa dos 20 e poucos anos) encaixam-se nesse estereótipo. Contudo, ao perceberem que a namorada belíssima que penaram para conquistar é apenas um ser humano com defeitos como outro qualquer, que ambos não têm nada em comum ou, pior, que ela é um poço de arrogância ou meio maluca, eles aprendem a lição. Bem, alguns nunca aprendem e continuam a correr atrás de "mulheres nota dez" até a velhice! E é bom lembrar: correr atrás não é o mesmo que conseguir; pesquisas revelam que, em uma escala de um a dez para a capacidade de atração, na grande maioria dos casais a diferença entre o poder dela de atraí-lo e o poder dele de atraí-la quase nunca é maior do que dois pontos.

Estereótipo: Os homens reagem à visão; as mulheres, à emoção.
Verdade: Esse deve ser o comentário mais mal empregado quando se fala das diferenças entre homens e mulheres. Usado em relação ao namoro (por exemplo: os homens reparam na aparência, as mulheres valorizam o modo como eles as fazem sentir-se), é também utilizado em relação ao sexo (por exemplo: os homens gostam de lingerie e sacanagem, as mulheres gostam de conversar e gestos românticos antes do ato sexual). Embora haja um pouco de verdade nesse estereótipo, trata-se de uma grosseira e enorme simplificação. As mulheres também reagem ao que veem – importam-se, e não pouco, com a aparência masculina, e os bonitões fazem sexo bem mais do que os indivíduos de traços comuns. Além do mais, os homens reagem à emoção, sim; eles precisam mais do que uma bela parceira para serem felizes e apaixonam-se por mulheres que os façam sentir-se especiais e amados.

Os homens não veem o namoro como as mulheres

Agora que já desmontamos alguns dos estereótipos mais comuns em relação ao mundo masculino, é hora de voltarmos o foco ao modo como os homens veem o namoro e às diferenças entre o ponto de vista deles e o nosso. Aqui vão alguns aspectos importantes:

O homem vai atrás. Os solteiros ou descompromissados estão sempre de olho nas mulheres que os rodeiam e vão tentar encontrar meios de puxar conversa com elas ou de conhecê-las melhor. Se você se mostrar receptiva, o sujeito que a abordou vai assumir o comando e convidá-la para sair, telefonar ou cercá-la de outra maneira. Cada um tem seu modo de agir, mas, no geral, todos tomam a iniciativa. O que não significa que você não possa convidar um homem para sair; significa que, se tiver demonstrado interesse e ele não está tentando aproximar-se de você, é hora de dar o assunto por encerrado e seguir em frente.

O homem repara primeiramente na aparência. A primeira coisa que desperta a atenção dele é o aspecto físico. Se a mulher o atrai fisicamente, ele vai querer dar o passo seguinte. Já ela, embora possa reparar na aparência em um primeiro momento, em geral presta atenção a outros aspectos — a personalidade, as conquistas, alguma característica pessoal — antes de vir a achá-lo fisicamente atraente. Esse modo de ser, porém, não faz dos homens uns fúteis; é apenas a forma como eles se deixam fisgar. E ainda que grande parte deles saiba ir além da aparência, você pode aumentar suas chances cuidando de si e assumindo ares e posturas cativantes! De qualquer forma, uma mulher atraente não deve tomar como certo que um homem esteja interessado nela (e não em sua aparência) antes que isso se comprove ao longo do tempo.

O homem só fala de si. É muito provável que, em um encontro, ele fale um bocado acerca de si ou até mesmo conte vantagens. Homens assim ainda não entenderam que as mulheres não gostam nem um pouco disso! Na maioria das vezes, porém, eles agem dessa forma por nervosismo ou na expectativa de causar boa impressão e mostrar que estão progredindo na vida. Inclua-se na conversa, e é quase certo que ele vá se conter.

No homem, as sensações sexuais precedem as reações emocionais. Esta é uma diferença essencial entre os gêneros. Um indivíduo está apto a sentir atração sexual por uma mulher que conhece superficialmente ou sem nem ao menos conhecê-la. Essa atração pode provocar sensações intensas, que despertam nele um forte ímpeto de aproximar-se dela. É por isso que um sujeito é capaz de rondar uma mulher até conquistá-la, dormir com ela e depois desaparecer – os sentimentos afetivos não desabrocharam. A mulher, por outro lado, quase sempre desenvolve um vínculo afetivo muito mais rapidamente, um sentimento cuja origem é anterior ou concomitante à atração sexual. Quando vai para a cama com um homem, o mais provável é que ela não esteja interessada apenas em sexo.

O importante aqui é entender que o entusiasmo que um indivíduo demonstra por você pode ser, em um primeiro momento, meramente físico. Se desejar algo além de sexo com esse homem, é melhor evitar a intimidade física logo no início do relacionamento, assim terá tempo para descobrir o que ele realmente quer de você. Por sorte, muitos homens aprenderam a ver além dos caprichos do seu órgão genital, evitando envolver-se seriamente com alguém por quem sentem apenas desejo físico.

De modo geral, há uma série de diferenças entre a forma como o homem e a mulher veem o namoro. No entanto, há também uns poucos aspectos em que a visão masculina é semelhante à feminina. Por exemplo: eles temem a rejeição tanto quanto nós tememos e acham que namorar é tão complicado quanto nós achamos. Como nós, eles têm sentimentos e, ainda que não os demonstrem tão facilmente, não gostam de ser ofendidos ou criticados – esquecer esse detalhe é um erro fatal. Além disso, a separação é um duro golpe para eles. Geralmente, pensamos que o homem não sofre tanto com o rompimento de um relacionamento por causa de indivíduos que mal terminam um namoro e já estão à procura de outro. Entretanto, partir em busca de mais uma relação amorosa assim tão depressa é sinal de que ele ainda não se recuperou da perda que sofreu e só está correndo atrás de uma nova namorada a fim de preencher o vazio em sua vida.

A melhor forma de "esfriar" um paquera ou namorado

Quando se trata de namorar, todo ser humano é único, e cada um tem necessidades e preferências que são só suas. No entanto, ao conversar com um bom número de entrevistados, vi que muitos deles não gostam de certos comportamentos que as mulheres adotam. Comportamentos esses que podem ser:

Ir depressa demais. Ir depressa demais significa que você está em um ritmo bem mais rápido do que o dele. De todos os erros possíveis, esse é o mais grave. Até mesmo os caras bacanas que querem um relacionamento sério se assustam com mulheres que vão depressa demais. Um rapaz me contou que uma garota com quem saíra apenas duas vezes lhe disse ter certeza de que ele era sua alma gêmea. Há mulheres que se põe a falar daquela palavra representada por um grande "T" ou cismam de ir morar com o namorado sem que isso tenha sequer passado pela cabeça dele. Quem age assim parece não ter se dado conta de que o parceiro está ao menos dois passos atrás dela! Se você costuma ir depressa demais ou ir com muita sede ao pote, respire fundo, coloque-se no lugar do seu namorado e tente descobrir o que ele está pensando. Deixe-o tomar a iniciativa – se ele se mostrar disposto a dar determinado passo, então você pode se abrir sem problemas. Espere-o mencionar a palavra que começa com "T", e aí você poderá falar sobre isso à vontade. O Erro nº 9 vai discutir esse assunto com mais detalhes.

Falar demais. Os homens geralmente se queixam de mulheres que falam demais sobre si em um encontro, ou daquelas que se põe a falar sem parar para evitar o momento de silêncio em uma pausa na conversa. Às vezes isso ocorre por se tratar de pessoas egocêntricas, voltadas para si próprias, porém mais frequentemente é apenas uma forma de extravasar o nervosismo. Lembre-se: não há mal nenhum em ficar nervosa! O problema é que esse falatório interminável acaba deixando vocês dois ainda mais nervosos. Se você for do tipo tagarela, não se esqueça de pedir a ele que fale sobre si e trate de ouvi-lo atentamente sem interrompê-lo. A bem da verdade, essa é uma queixa de ambos os sexos — os homens costumam cometer esse erro tanto quanto as mulheres.

Falar do ex ou do passado. Todo mundo tem um ex, afinal estamos namorando porque não deu certo da última vez. Sempre que a ouve falar do seu ex, quem está em sua companhia entende que aquele homem ainda significa muito para você, o que acaba afastando seu acompanhante e suas chances de vir a ter um novo relacionamento. Esse é um enorme passo em falso que ambos os sexos costumam dar. Antes de qualquer coisa, supere de vez a decepção por relacionamentos que não deram certo e esqueça definitivamente seus ex-namorados. E, ao voltar a namorar, não se ponha a falar dos ex antes de conhecer muito bem o rapaz com quem está saindo — mesmo assim, cuidado com o que diz e cuidado para não exagerar. O conselho vale também para os dissabores que você teve no passado.

Esperar que ele sempre arque com as despesas. Quem paga o quê é um assunto controverso quando se trata de namoro. As mulheres nunca sabem como abordá-lo. Os homens quase sempre se irritam — eles odeiam ser vistos como o sujeito que paga as contas em troca de favores sexuais, ou imaginar que possam estar sendo usados por uma interesseira. Agora, vamos encarar: hoje em dia, a esmagadora maioria das mulheres é independente financeiramente e pode muito bem arcar com as despesas de um restaurante. O problema é este: um indivíduo não se importa de encarregar-se dos custos de um encontro quando paquera ou namora; ele se irrita com mulheres que esperam que seja sempre assim. *Nunca* deixe de demonstrar seu apreço por esse gesto de cavalheirismo. Vale assinalar também que, embora não se incomode de assumir as despesas no início do namoro, a maioria dos rapazes gosta quando a garota se oferece para dividir a conta após os primeiros encontros. Dependendo do seu temperamento e da situação financeira em que se encontra, ele pode ou não aceitar partilhar o gasto, porém só o fato de você ter se oferecido para contribuir com sua parte deixará bem claro que não acha que ele tem a obrigação de arcar com tudo.

Mentir a idade ou usar fotos antigas na internet. A paquera on-line está repleta de gente que, na tentativa de ressaltar seus pontos fortes e dissimular seus pontos fracos, omite dados pessoais ou mente acerca de certas características. Há homens que aumentam a altura que realmente têm ou o valor do salário que recebem, e mulheres que mentem a respeito da idade ou do tipo físico, seja abertamente ou exibindo fotografias de quando eram mais jovens ou mais magras.

Ao paquerar na internet, seja honesta. Poste fotos recentes, nas quais aparece exatamente como você é – escolha as que a favoreçam ou em que está mais fotogênica. Não minta na expectativa de atrair um número maior de interessados e ampliar seu leque de opções. Se você não tem orgulho de si, por que ele haveria de ter? Como vimos no capítulo dedicado ao Erro nº 4, quem paquera na internet tem mais propensão a ser exigente, mas o fato é que muitos homens tendem a deixar de lado seus critérios mais rigorosos ao descobrirem uma mulher interessante ou atraente. Se encontrar um rapaz com quem simpatize e vir que se encaixa na maior parte dos requisitos dele, entre em contato.

Melinda, de 35 anos, não é supermagra nem possui contornos de atleta, mas tem um tipo físico que desperta a atenção. Ao paquerar no site Match.com, descobriu que a maioria dos homens por quem se interessava era muito exigente em relação à constituição física feminina, preferindo mulheres de padrão "esguio" ou "atlético e musculoso" em detrimento do padrão "médio" que ela havia assinalado em seu perfil. Em vez de mentir a respeito da sua compleição, Melinda entrou em contato com rapazes que combinavam com ela, ignorando o tipo físico que eles haviam selecionado. E descobriu que a maioria de seus paqueras estava muito interessada em conhecê-la.

Ir com muita sede ao pote. A maioria dos rapazes não se importa quando uma mulher toma a iniciativa ou demonstra interesse; porém, ir com muita sede ao pote é algo que os deixa incomodados. Um homem tímido que entrevistei me contou que certa garota com quem ele havia saído parecia morta de vontade de beijá-lo e sem a mínima intenção de deixar que o encontro chegasse ao fim, dando a impressão de estar prestes a arrastá-lo para dentro do apartamento dela. Há mulheres que, por presumir que todos os homens só pensam em sexo, são afoitas e agem com voracidade por acreditar que é isso o que eles querem. Entretanto, nem sempre eles desejam ir tão depressa quanto imaginamos.

Quando vai com muita sede ao pote, quase sempre você acaba causando o efeito oposto ao que planejou, ou seja, sua ansiedade é como um balde de água fria — exatamente como acontece quando um homem "força a barra" com você. E, em se tratando de sensualidade e erotismo, sutileza é mais eficiente do que obviedade, ainda mais se você estiver na fase de conhecer melhor seu paquera. Se você ultrapassar certos limites, ele, corretamente ou não, vai presumir que está interessada somente em transar ou que é uma pessoa insegura capaz de qualquer coisa em troca de atenção. Se você é do tipo atrevida, fique atenta — ao perceber que sua audácia o incomoda, mude de estratégia.

Ser crítica demais. Enquanto há mulheres que não mandam um paquera calar a boca nem gritam com o garçom, há outras que fazem comentários pejorativos a respeito dos ex-namorados, das outras pessoas, do emprego, de tudo. Além de funcionar como um autêntico balde de água fria, aviltar os outros é sinal de azedume e raiva do mundo. Se você se flagrar depreciando algo ou alguém, tente descobrir o que está levando você a agir dessa maneira, assim seus namorados não sofrem as consequências de tamanho mau humor.

Pesquise o universo masculino

Como temos visto ao longo deste capítulo, se você quiser se dar bem com o sexo masculino, compreendê-lo ajuda muito. Então, como fazer isso? Há inúmeras maneiras — e a seguir vão três das mais efetivas:

SAIR COM ELES

Quer entender os homens? Fique próxima a eles. O conselho pode parecer óbvio, no entanto a maioria das garotas passa a maior parte do tempo junto de suas iguais — trabalham com outras mulheres, vão a aulas de ioga repletas de mulheres, saem para divertir-se com as amigas. Quando convive com homens, você vai se familiarizando com o universo masculino. Descobre o que mexe com esses homens e aprende a dialogar com eles.

Vale qualquer tipo de companhia masculina: amigos, colegas de trabalho, seu pai, seus irmãos, seus primos. Não importa se são casados ou solteiros, jovens ou maduros, lindos ou feiosos. Fale ao telefone com seu pai. Saia com seu irmão e os amigos dele de quando em quando. Vá buscar um sanduíche com seus colegas de trabalho. Aqui vão alguns lugares e atividades para você experimentar:

Atividades ao ar livre. Seja corrida, ciclismo, caminhada, campeonato de futebol, acampamento ou vôlei de praia, não há atividade esportiva de que eles não participem – e poderão até mesmo lhe ensinar a praticá-la. Você também pode ficar sócia de algum clube ou unir-se a algum grupo que pratique essas atividades.

Eventos esportivos. Vá a partidas de futebol, voleibol ou qualquer outro jogo. Sempre haverá um zilhão de homens por lá, e você terá a oportunidade de conversar com eles sobre as regras do jogo ou discutir o porquê de o árbitro ter apitado.

Bares. Bares esportivos, em que é possível assistir a uma programação especializada em esportes em telões espalhados pelo estabelecimento, costumam estar repletos de marmanjos, sobretudo durante algum jogo de campeonato. Ajeite-se junto ao balcão, peça uma bebida e pergunte ao barman ou ao homem ao seu lado quem está jogando e qual é o placar.

Não vá a esses lugares com a intenção de conhecer algum paquera; vá somente para desfrutar da presença masculina, sem se importar em descobrir quem de fato são aqueles indivíduos que frequentam o local. Isso vai diminuir suas expectativas em relação a eles e ajudá-la a vê-los como seres humanos. Será uma boa oportunidade para você entender melhor a cabeça dos homens, aprender a prezá-los um pouco mais e acostumar-se a interagir com eles. Não é surpresa nenhuma que os homens que passam um bom período de tempo na companhia feminina e aprendem a respeitar as mulheres são os que mais sucesso fazem com elas. Assim, você só tem a ganhar desfrutando do convívio masculino.

Peça a opinião deles

Uma boa maneira de conhecer e entender os representantes do sexo masculino é pedir a opinião deles a respeito de algum assunto, em especial algum tópico relacionado a namoro e compromisso. Nem todas essas opiniões serão úteis ou vão ajudá-la, e é bem possível que você não concorde com tudo o que vier a ouvir. Seja como for, não se atenha tanto ao que eles disserem; procure concentrar-se no padrão das respostas que obtiver. Se um sujeito disser que gosta de lingerie, que diferença isso faz? Agora, se mais de 20 disserem o mesmo, está na hora de você renovar sua gaveta de roupas íntimas!

Quando pedir a opinião de um rapaz acerca de determinado assunto, não o julgue pela resposta. Você não é obrigada a concordar com ele, mas tampouco deve armar um escândalo por causa de um mero ponto de vista. Se agir assim, ele, sentindo-se recriminado por ser como é, certamente encerrará a conversa. Lembre-se: útil ou não, todo conhecimento é uma forma de poder. Seu propósito não é levar um desses homens ao altar, é conhecer e familiarizar-se com o mundo masculino. E você também não deve fundamentar suas opiniões acerca dos homens em geral com base no pequeno grupo com que está convivendo. Um rapaz de 20 e poucos anos não é igual a um homem com mais de 40. Um operário de produção não é igual a um funcionário administrativo. Os cariocas não são iguais aos nordestinos. Brancos não são iguais a negros. Um indivíduo que teve uma infância ou adolescência difícil não é igual a um homem criado na fartura. No fim das contas, são todos homens — porém uns diferentes dos outros, cada qual com suas características pessoais, que são únicas.

Leia conselhos sentimentais destinados ao público masculino

Ainda que a leitura não tenha como substituir a experiência pessoal, é possível aprender um bocado a respeito dos homens lendo artigos de aconselhamento amoroso escritos para o público masculino. Contudo, esteja preparada, pois você certamente não vai concordar com tudo o que vier a ler. Na verdade, alguns desses conselhos vão deixá-la indignada ou com muita raiva. De qualquer modo, lembre-se: são apenas pessoas dando suas opiniões, e é possível aprender algo interessante tanto com quem pensa como nós como com quem tem ideias completamente distintas das nossas.

Por exemplo: um consultor sentimental previne seus leitores de que, ao perguntar no que eles trabalham, a mulher na verdade está querendo saber quanto ganham. Ou seja, esse especialista acredita que só o que importa a uma garota é o salário do homem em quem ela está interessada. Isso me deixa furiosa – quando pergunto a profissão de uma pessoa, minha intenção não é outra senão puxar conversa! Dá, sim, para fazer ideia do salário de uma pessoa a partir do emprego que ela tem, porém ler o tal conselheiro me ajudou a compreender que 1) os homens estão preocupados com as interesseiras e com a possibilidade de gastar muito com uma mulher sem obter nada em troca e 2) o alerta tão ácido dado pelo especialista só pode ser produto de experiências pessoais muito negativas.

Aqui vai uma lista de livros e sites para você conferir o que estou dizendo:

A série de John Gray *Homens são de Marte, mulheres são de Vênus*. Embora se destinem a ambos os sexos, esses livros fazem um bom apanhado do ponto de vista masculino. Além do título principal, há vários outros, incluindo um trabalho sobre namoro. Nem todo mundo concorda com Gray (a começar por mim, em um ou em outro aspecto); no entanto, ele é mais perspicaz do que vários outros autores quanto às diferenças homem-mulher, e vale muito a pena lê-lo.

***O jogo*, de Neil Strauss.** Repórter da *Rolling Stone*, Strauss fez pesquisas junto a um grupo chamado Pickup Artists (algo como "mestres da sedução") e acabou tornando-se um deles; nesse processo, fez várias descobertas em relação às mulheres, aos homens e sobre si próprio. Este livro não é apenas uma leitura interessante, mas também uma forma de você saber até onde os homens são capazes de ir para conquistar uma mulher.

Askmen.com. Bastante abrangente, este site aborda assuntos como esportes, carros, finanças, filmes, vestuário e vinhos. Contém uma seção reservada a sexo e relacionamento amoroso, com opiniões e orientação sobre os mais variados tópicos. Embora variem de ótimos a terríveis, os conselhos vão lhe dar uma boa ideia do tipo de coisa que faz a cabeça de um homem ferver.

Há muitos outros livros de homens para homens, em especial os dedicados à arte da paquera e da sedução ou, em outras palavras, sobre como levar uma mulher para a cama. Ainda que você ache esses livros horrorosos, vai aprender um bocado sobre as dúvidas que acometem os homens ou tiram o sono deles. E dar-se conta de que paquera e relacionamentos amorosos são um assunto tão espinhoso para eles quanto são para você.

Este capítulo tinha por finalidade ajudá-la a entender melhor os homens e tentar ver as coisas do ponto de vista deles para, com isso, aumentar suas chances de sucesso na paquera e no namoro. A ideia, porém, não se aplica apenas ao universo masculino; ao ver o mundo pelos olhos de outro ser humano, seja ele quem for – filho, pai, seu chefe ou o homem que a deixa toda arrepiada –, você tem mais condições de se relacionar bem com essa pessoa. Julgamos e criticamos os demais porque nunca nos colocamos no lugar deles e, desse modo, fica muito difícil compreendê-los. O mesmo acontece em relação aos homens e ao namoro. É impossível assimilar plenamente o pensamento e a essência de um indivíduo, mas, se você se empenhar em conhecer melhor o mundo masculino, será bem mais feliz nos seus relacionamentos amorosos.

Erro nº 6

Você acha que tem de ser uma supermodelo

"Não existem as feias, somente as preguiçosas."
Helena Rubinstein

Goste-se ou não, a aparência física conta muito. Tem papel relevante na vida, tem papel relevante no namoro. A primeira coisa que um homem vê é o seu aspecto exterior, e a intensidade com que você o atrai é o principal critério que ele utiliza para avaliá-la. Quanto mais sedutora você for, mais chances terá de cativar o homem que deseja.

Feitas essas considerações, é preciso assinalar que a maioria das mulheres não sabe ao certo o que realmente atrai o sexo masculino e por quê. Além disso, elas são incrivelmente severas em relação à própria imagem, o que só contribui para tornar o flerte ainda mais complicado. Como é possível paquerar tranquilamente sem saber com certeza o que faz com que uma mulher seja sedutora ou se vivemos aflitas com a dúvida de sermos ou não bonitas? Sentir-se bem consigo e estar segura do seu poder de atração são essenciais quando se namora. Por isso, este capítulo inteiro tem por objetivo lhe mostrar que o Erro nº 6, além de contraproducente, é uma total perda de tempo.

Beleza *versus* poder de atração

Beleza e poder de atração *não* são a mesma coisa. Beleza, ou o que muitos chamam de beleza exterior, é o que seu DNA lhe deu. É um fator puramente genético, do qual fazem parte as formas e proporções do seu corpo e os seus traços fisionômicos. Não há muito que se possa fazer para alterar a constituição física de alguém, e existem mulheres naturalmente mais belas do que outras.

Poder de atração, por outro lado, é um termo bem mais amplo – é a sua capacidade de despertar e atrair a atenção das pessoas, a começar pelo sexo masculino. Esse magnetismo pessoal se dá pela aparência física, mas também por meio do que provém do seu íntimo. Embora a beleza seja parte do poder de atração, o poder de atração é muito mais do que a beleza. O poder de atração (ou poder de sedução) é a forma pela qual você revela seus atributos e a pessoa que é como ser humano. Esse magnetismo resulta dos cuidados que você tem consigo, da forma como se apresenta, do modo como se expressa, de como se sente em relação a si própria e de como se relaciona com o mundo. O poder de atração se reflete nos seus cabelos, no seu modo de vestir-se, na sua personalidade, no seu amor-próprio e na sua postura perante a vida. Ainda que esse magnetismo sobressaia quando você conversa com alguém, essa pessoa é capaz de senti-lo antes mesmo de você abrir a boca. Uma boa notícia sobre o poder de sedução é que temos domínio sobre ele. E o bom desse domínio é que, se você fizer tudo direitinho, as pessoas vão considerá-la bonita!

É muito importante compreender a diferença entre beleza e poder de atração, sobretudo tendo em vista a tendência generalizada a confundi-los. Afinal, é por causa dessa confusão que as mulheres acham que precisam ser belas para despertar o interesse de um homem, quando, na verdade, o que realmente necessitam é de poder de atração. Claro, a beleza sempre chama a atenção; mas, por si só, não é capaz de manter seus admiradores à sua volta. Já o magnetismo pessoal não só os atrai como também os conserva.

Às vezes não é fácil distinguir o belo do atraente. Veja a seguir alguns exemplos de mulheres cuja beleza não as impede de tornarem-se bem pouco sedutoras em determinadas circunstâncias.

Minha amiga Susan é muito bonita e não há quem não olhe para ela quando saímos juntas. Uma de suas paixões é conhecer o mundo, mas, quando viaja desacompanhada, ela acha melhor evitar chamar a atenção, sobretudo de indivíduos inoportunos. Por isso, ao visitar lugares onde os homens costumam ser inconvenientes de tão atrevidos, Susan lança mão de pequenos truques: prende os cabelos em um coque e depois coloca um chapéu ou um lenço de cabeça, veste roupas largas e discretas que cobrem seu corpo de cima a baixo e não usa um pingo de maquiagem. Ninguém a importuna.

Em uma das temporadas de *The Bachelor*, uma das candidatas, que tinha aquele tipo físico que faz os homens virarem a cabeça, parecia ser a preferida do "solteirão". Tanto que ele a levou para um encontro maravilhoso, uma oportunidade que não concedeu a todas as demais concorrentes. Essa garota, porém, raramente tinha algo proveitoso a dizer, além de passar uma energia tão negativa que, em pouco tempo, havia colocado muitas das rivais contra ela. Mesmo confessando considerá-la linda, o rapaz não demorou a perder o interesse por ela, que acabou eliminada do programa.

Esses exemplos ilustram a diferença entre beleza e poder de atração. Embora fossem ambas muito bonitas – belíssimas, na verdade –, essas duas mulheres conseguiram fazer-se pouco ou nada atraentes por meio do penteado, das roupas e do comportamento.

Pois bem, então como usar a nosso favor o fato de sabermos que o magnetismo pessoal de uma mulher é muito mais do que a beleza exterior?

O EFEITO LIMIAR

Para que possa compreender como um homem reage ao poder de sedução de uma mulher, inclusive antes mesmo de conversar com ela, você precisa entender o "efeito limiar". Esse conceito significa basicamente que, para que alguém desperte seu interesse, o poder de atração dessa pessoa precisa estar acima de determinado limiar. A figura a seguir ilustra como costumamos avaliar o magnetismo pessoal masculino:

1	5		10
nada atraente	pouco atraente	razoável	atraente	muito atraente	irresistível

A próxima vez em que um rapaz chamar sua atenção, você pode inseri-lo em determinada posição nessa escala de 1 a 10. Mesmo que não queira lhe atribuir um número em especial, use esse método genérico para avaliá-lo; quanto mais intensa for a atração que ele despertar em você, mais à direita da barra estará a posição que vai ocupar.

Na verdade, todas temos uma espécie de nota de corte, ou limiar, nessa escala — o que significa dizer que indivíduos abaixo de determinado valor numérico não nos atraem, porém os que estão acima desse dígito, sim. Por exemplo: talvez você só se interesse por homens que estejam próximos ao número seis ou mesmo um valor mais alto. Nesse caso, seis é o seu limiar. Esse modo de avaliar o magnetismo pessoal pode ser visto na figura a seguir:

limiar

1	5	10
nada atraente	pouco atraente	razoável	atraente	muito atraente	irresistível

Em linhas gerais, se seu limiar for seis, você costuma sair com rapazes acima desse valor, mas não com quem estiver abaixo desse limite. Agora, se ele for um cara muito bacana por quem você se afeiçoou de verdade, pouco importa que seja um seis, um oito ou um dez, desde que seja pelo menos um seis. E quando avalia seus possíveis paqueras, você automaticamente exclui aqueles a quem atribui os números um, três ou cinco. Isso não significa que eles sejam um horror; talvez sejam até muito simpáticos, porém certamente não são atraentes o bastante para despertar seu interesse. E o mais legal de tudo é que, se acabar apaixonando-se por um homem a quem atribuiu um seis, você não vai demorar a vê-lo como um oito ou um nove!

O efeito limiar não se restringe à aparência. Muitas pessoas imaginam que, ao aplicar uma escala de um a dez a alguém, estão se referindo à beleza; na maioria das vezes, porém, estão se referindo ao poder de atração sem nem ao menos dar-se conta disso. Quando decidimos paquerar determinado rapaz, nossa opção é em grande parte influenciada pela beleza; no entanto, o entusiasmo que ele havia nos despertado pode evaporar-se após cinco minutos de bate-

-papo. É por isso que um homem número cinco pode se transformar em um sete após você conhecê-lo melhor e constatar que se trata de um sujeito muito bacana. E é por isso também que um número nove pode despencar para um número cinco assim que você descobrir que se trata de um tremendo bobalhão.

O efeito limiar é pessoal – o que importa saber se *você* acha aquele rapaz atraente. É algo subjetivo, fundamentado em seus gostos, seus sentimentos e suas preferências pessoais. Um homem que para você é um sete, para sua amiga pode ser apenas um quatro e olhe lá.

Aliás, o efeito limiar funciona para o universo masculino também. Embora os homens tenham por hábito reparar em uma mulher e classificá-la mentalmente em uma escala de um a dez, a maioria se baseia no efeito limiar ao tomar a decisão de paquerá-la. Como eles também têm sua nota de corte, qualquer mulher acima desse limite vale uma abordagem. E ainda que a beleza conte pontos, o que muitos levam em conta é o magnetismo pessoal, sobretudo após conversarem com a garota em quem estão interessados. Assim, uma mulher que a princípio era um cinco pode saltar para um sete depois de ele perceber que se trata de uma pessoa muito bacana. E, como acontece no universo feminino, o fato de uma garota ficar acima ou abaixo do limiar de um rapaz é algo totalmente subjetivo. Claro, é bem provável que uma mulher muito bonita fique acima da média do limiar masculino em geral, mas, quanto ao poder de atração, ela pode ser um cinco para um indivíduo e um oito para outro.

Muito bem, e como tudo isso se aplica à sua vida amorosa? Em primeiro lugar, esse efeito significa que você só precisa estar acima do limiar para os homens em quem está interessada. Não é preciso ter a aparência de uma modelo; quem se apaixonar por você vai considerá-la bonita de qualquer maneira. Esse dado é digno de atenção porque, em se tratando de paquera e namoro, as mulheres dão importância demais à beleza e se esquecem do poder de atração.

Em segundo lugar, o limiar masculino não é tão alto como você imagina; para a maioria dos homens, esse valor é ao redor de seis. E como o limiar é individual, é possível uma garota ser muito sedutora e, mesmo assim, ficar abaixo da pontuação-limite de determinado rapaz.

Por fim, encontrar alguém que esteja acima do nosso limiar é somente o primeiro passo em um processo repleto de etapas. Na verdade, o que não falta são rapazes acima do nosso limiar; no fim das contas, porém, é a química e a compatibilidade que determinam até onde vai o relacionamento.

Você se subestima?

Agora que você já sabe a importância de não confundir beleza e magnetismo pessoal, é hora de discutir o outro lado da questão em relação à aparência: as mulheres são severas demais quando se trata da própria beleza. E, um aspecto ainda mais relevante: dão mais importância à beleza do que ao poder de sedução, o que faz com que sua vida amorosa seja bem mais complicada do que seria de esperar. Todavia, não se desespere – todo mundo comete esse erro, *inclusive os homens*. O poder de atração, isto é, a capacidade que você tem de atrair as pessoas tanto pela aparência física como pelo que traz em seu íntimo, é muito mais importante do que a beleza para o êxito de um relacionamento.

Esta parte do capítulo vai examinar algumas evidências de que as mulheres não se dão o devido valor, e quanto isso prejudica a vida sentimental delas.

Você acha que beleza é mais importante do que poder de atração

De todas as maneiras pelas quais as mulheres se subestimam, esta é a mais comum e a mais problemática. Somos muito rigorosas conosco, especialmente quanto à aparência. A indústria da beleza e da moda são negócios multibilionários; sempre brinco que, se as fábricas desses dois setores fechassem as portas, a economia do mundo ocidental provavelmente entraria em colapso. Não há nada de errado com a moda e o visual, é claro. Desejar ter boa aparência é natural; está nos nossos genes – desde os primórdios da civilização, a mulher adorna o corpo, o rosto e os cabelos. O problema é que a nossa sociedade parece obcecada pela imagem, esquecendo que o ser humano não pode nem merece ser julgado pelo aspecto físico.

Não faz muito tempo, assisti a um programa na TV que exibia fotografias que alguns *paparazzi* haviam tirado de celebridades em momentos de descontração. Ainda que não parecessem nem um pouco glamourosas sem maquiagem e com os cabelos em desalinho, todas elas ostentavam a boa aparência de sempre. Apesar disso, foram criticadas impiedosamente por não andarem por aí "suficientemente" bonitas. Revistas sensacionalistas estampam fotografias de famosas com celulite, sobrepeso ou qualquer outra imperfeição. Obrigadas a nos deparar com esse tipo de idiotice dia e noite e noite e dia, não é de admirar que comecemos a pensar que só o que importa é o visual!

Dar ouvidos a comentários masculinos sobre as mulheres é outro fator que nos leva a acreditar que imagem conta mais do que magnetismo pessoal. Há homens que ficam boquiabertos diante de uma beldade e, logo a seguir, põem-se a tecer observações pouco lisonjeiras acerca de quem não é bonita como a garota que os deixou de queixo caído. Esse tipo de comportamento nos faz pensar que é preciso ser linda para conseguir um namorado, mas isso não é verdade, e por vários motivos:

Os homens se sentem atraídos pela aparência em um primeiro momento. Como eles se deixam atrair primeiramente pelo aspecto físico de uma mulher, presumimos que sejam inflexíveis em relação à aparência. As mulheres também se importam com a aparência masculina, mas nem sempre é isso o que atrai nossa atenção à primeira vista. Agora, o fato de um rapaz admirar uma bela garota não significa que ele dê valor somente à beleza. E, sejamos honestas: em voz alta ou em pensamentos, todas nós reparamos nos outros – e julgamos a aparência física deles.

Os homens querem alguém com quem tenham afinidades. Assim como não basta para tornar alguém digno da nossa afeição, a beleza exterior tampouco é suficiente para manter o interesse de alguém por outra pessoa. Homens que buscam apenas uma nova conquista, ou uma parceira para exibir como um troféu ou como forma de afago ao próprio ego só terão olhos para a aparência física. Contudo, os que buscam alguém com quem compartilhar sua vida e seus interesses querem uma pessoa com quem tenham afinidades, não apenas uma "carinha bonita".

Os homens não diferenciam beleza e poder de atração. Para muitos, o fato de se sentirem atraídos por uma mulher é sinal de que ela é bonita – mesmo que não o seja de verdade.

Lembre-se: o efeito limiar é subjetivo, e cada indivíduo tem suas preferências; uma garota pode ser apenas simpática aos olhos de um rapaz e simplesmente irresistível aos olhos de outro. E, se um homem não se sentir atraído por determinada mulher, provavelmente não vai considerá-la belíssima, mesmo que ela o seja.

Os homens não são tão "enjoados" quanto as mulheres em relação à aparência. Se os consideramos exigentes demais em relação à beleza é porque *nós* somos assim. Em termos de aspecto físico, as mulheres fazem um julgamento muito mais severo do que os homens.

Nos tempos da faculdade, uma amiga e eu fomos a um barzinho. Como chegamos cedo, acabamos pegando a apresentação de um concurso em que garotas, enquanto dançavam, iam tirando a roupa até ficarem em trajes de banho. Bonitas e graciosas, todas tinham um corpo de dar inveja. Quando apontei à minha amiga qual das concorrentes levaria meu voto, ela respondeu: "Aquela moça tem estrias". De fato, como estávamos bem perto do palco, olhando mais atentamente era possível perceber as linhas fininhas e esbranquiçadas que a jovem tinha no quadril. A verdade, porém, era que os tais sinaizinhos em nada diminuíam a beleza da garota e, por isso, fiquei tremendamente surpresa com o comentário da minha amiga. Afinal, posso garantir a vocês que 98% dos homens ali presentes pareciam não estar nem aí para aquela imperfeiçãozinha de nada no corpo da moça. Só mesmo outra mulher para reparar em um detalhe tão insignificante. Aliás, é justamente por sermos tão duras conosco que nos damos o direito de apontar defeitos nas outras mulheres.

Na verdade, presumimos que os homens nos queiram perfeitas porque *nós* queremos ser perfeitas. No entanto, eles não exigem a perfeição – querem apenas alguém por quem se sintam atraídos. Se eles fossem realmente tão exigentes em relação à beleza física, a maioria de nós morreria solteira e as "gatas" e "gostosonas" teriam um harém de marmanjos babões lhes dando uvas na boca dia e noite.

Muitas garotas não se julgam suficientemente atraentes por achar que não se encaixam nos padrões de beleza que inventaram para si. Mas, e quem é bonita e está acostumada a atrair a atenção dos homens? As belas também podem cair na armadilha de achar que a beleza conta mais do que o magnetismo pessoal.

Examine as perguntas a seguir:

- Sempre lhe disseram que você é bonita?
- Você acha que a aparência é seu melhor atributo?
- Você gasta mais tempo e dinheiro do que suas amigas e conhecidas para ficar bonita?
- Você já fez cirurgia plástica?
- Você atrai muitos paqueras que depois se mostram indiferentes ou se revelam autênticos babacas?
- Você teme envelhecer, imaginando que não será capaz de encontrar um cara bacana em virtude da idade?

Bela ou não, se respondeu "sim" a uma só dessas perguntas, você está correndo o sério risco de acreditar que a beleza é mais importante do que o poder de sedução. Agora, se deu mais de uma resposta afirmativa, então esse risco é muito grande.

A beleza pode ser uma maldição. É capaz de fazer com que as belas acreditem que a boa imagem é tudo o que têm a oferecer e o único motivo pelo qual alguém venha a desejá-las. E é capaz de atrair homens fúteis, que só ligam para a aparência. Não caia na armadilha de pensar que a beleza física é mais importante do que o poder de atração e aquilo que você traz dentro de si. Você até pode atrair um punhado de admiradores, mas nada garante que sejam pessoas de caráter; por isso, vale a pena ser cautelosa e namorar somente indivíduos íntegros e de boa índole, que lhe queiram bem pelo que você é. LEMBRE-SE: em um primeiro momento, eles se deixam encantar pela aparência; portanto, quanto mais atraente fisicamente você for, maior será o número de paqueras indesejáveis que vai atrair.

Aqui vai um exemplo do que estou dizendo: Taryn e eu trabalhamos um tempo juntas no mesmo departamento. Incrivelmente bonita, Taryn chamava a atenção e não demorou a despertar o interesse de uma série de colegas que, às claras ou mais discretamente, puseram-se a flertar com ela. Quando procurei saber quem eram esses admiradores, nenhum deles me causou boa impressão. Um traía a namorada, que também trabalhava conosco, com outra colega. Outro era um babaca metido a besta. Um terceiro, que fumava maconha frequentemente, era ignorante de dar dó. Nenhum desses rapazes tinha algo em comum com Taryn; estavam interessados apenas na beleza dela. Por sorte, ela tinha consciência de que aparência não é tudo e, ignorando todos aqueles tontos, começou a namorar um rapaz que a admirava por suas qualidades. Os dois, que continuam juntos até hoje, têm dois filhos.

Lembra-se da bonitona do programa *The Bachelor*, que não demorou a perder as atenções do rapaz por não ter nada além da beleza para oferecer? Ao ver-se excluída do programa, decerto ela ficou furiosa porque, acostumada com a admiração que os homens lhe dedicavam, mal podia crer que o rapaz a tivesse rejeitado. Aquela garota não foi capaz de perceber que ambos não tinham nada em comum, que a atração que ele a princípio sentira havia sido meramente física e que sua beleza não era o bastante para ele. Aliás, mesmo que ela tivesse sido uma pessoa mais simpática e cativante durante o período em que participou do programa, isso não era garantia de que acabasse conquistando o coração do rapaz. Por mais bela que seja uma mulher, nem todo mundo se sentirá atraído por ela. Embora possa gerar química, a beleza é incapaz de produzir compatibilidade – e é preciso tanto uma quanto a outra para fazer um namoro deslanchar.

Independentemente de você ser bonita ou não, pensar que a beleza física conta mais do que o magnetismo pessoal é jogar sem a opção de vencer. Não se subestime dessa maneira. Avançando na leitura deste capítulo, você vai descobrir do que é feito o poder de sedução.

Você não é tão sedutora quanto poderia ser

Se apostar todas as fichas na sua aparência é um erro, apostar umas poucas também é. A beleza física ainda é fundamental para atrair o sexo masculino; é a primeira coisa que os homens notam ao olhar para você; logo, é o que causa a primeira impressão. Felizmente, toda mulher é capaz de desenvolver o poder de sedução. E quanto mais atraente você for, maiores serão suas chances de atrair os homens que lhe interessam. Apesar disso, porém, muitas garotas não são tão sedutoras quanto poderiam ser. Aqui vão alguns exemplos de como elas se subestimam nesse aspecto.

Não se cuidar. Uma das principais queixas dos indivíduos casados é que, após o casamento, suas esposas descuidaram da aparência. Por mais que você tenha todo o direito de discordar e dizer que esses sujeitos estão sendo frívolos, a verdade é que todo mundo deseja um companheiro atraente. O que realmente incomoda esses homens não é o fato de suas esposas terem envelhecido ou ganhado alguns quilinhos; é o fato de elas terem deixado de se cuidar. A falta de atenção com a própria aparência pode chatear um marido dedicado; mas, em termos de paquera e namoro, pode fazer com que um rapaz nem olhe na sua direção. A palavra mágica aqui é *cuidar-se*: qualquer um vê a diferença entre quem tem cuidados consigo e quem não tem. Bela ou não, adepta do terninho ou do jeans com camiseta, jovem ou madura – se você se cuidar e investir na sua imagem, os outros não só vão perceber, mas também aprovar seu empenho e achá-la mais sedutora.

Não cuidar da saúde. Hábitos prejudiciais à saúde fazem mal também à sua aparência, tendo em vista que influenciam o modo como você se sente no dia a dia. Cuidar da saúde inclui alimentar-se bem, exercitar-se e administrar os níveis de estresse. Por si só, o estresse é capaz de dar fim à sua saúde e lhe conferir um péssimo aspecto – além de fazê-la sentir-se pavorosa.

Alimentar a tristeza ou reclamar da vida. Ninguém gosta de melancolia e negativismo – e ambos se revelam por meio da linguagem corporal de uma pessoa e na forma como ela se expressa. Você não vai atrair atenções, e também é provável que fique sem convites para novos encontros, pois os homens têm receio de que a tristeza e o mau humor acabem contaminando o estado de espírito deles.

Não ter metas ou rumo na vida. Você já conheceu uma mulher belíssima cuja vida não parecia ter o menor sentido? Uma pessoa assim passa a impressão de que, sem carreira nem objetivos, vive à espera de alguém que apareça do nada e lhe dê algum projeto de vida ou algo a que se dedicar. Os homens apreciam mulheres independentes, que persigam objetivos e também se encarreguem do próprio lazer.

Não ter confiança em si. A falta de segurança, ou de autoconfiança, não é nada cativante. Nenhuma mulher é confiante em relação a tudo, afinal não há quem não tenha suas inseguranças. É difícil, porém, sentir atração por alguém que não confia em si ou se mostra insegura na maior parte do tempo.

Não é preciso que você tenha despesas enormes ou empregue boa parte do tempo cuidando da sua imagem; mas esforçar-se para ser sedutora compensa o sacrifício, assim como empenhar-se em várias outras esferas da vida também vale a pena.

Você fica obcecada com sua idade

Quando o assunto é atrair a atenção do sexo oposto, não há mulher que não se aflija. Tempos atrás, 30 anos era a idade mais temida – se você não estivesse casada aos 30, então seu caso só podia ser muito sério, mesmo! Apesar de o aniversário de 30 anos ainda deixar muita gente de cabelo em pé, os tempos mudaram um bocado, e as mulheres "atrasaram" a idade a partir da qual devem começar a preocupar-se. Um pouco dessa preocupação tem a ver com a fertilidade e o desejo de ter filhos, o que faz sentido. No entanto, boa parte da aflição vem da crença de que deixamos de ser atraentes aos olhos masculinos à medida que envelhecemos.

Muito do receio em relação à idade é semelhante à questão que envolve a aparência física – da mesma forma que acreditam que precisam ser belas para serem sedutoras, as mulheres creem que, após os 21 anos, deixam de atrair a atenção masculina. Orientada para e pela juventude, a cultura popular só faz reforçar essa crença tão danosa. O cinema costuma exibir casais formados por indivíduos maduros e garotas bem jovens. E os homens também não ajudam – que mulher não sente um desagradável frio na espinha ao paquerar pela internet e ver o número de homens que fazem questão de uma namorada mais nova do que eles? E que garota já não levou cantada de um sujeito com idade para ser seu pai?

Se acha que a beleza conta mais que o poder de sedução, você – tenha 30, 40 ou 50 anos – vai se angustiar com sua idade porque a beleza exterior realmente se ressente com o passar do tempo. Isso, porém, isso é subestimar-se! A verdade é que você não tem por que se preocupar com sua idade quando flerta ou namora, e por vários motivos. Primeiro, ainda que muitos homens possam achar as mais jovens mais atraentes, a maioria sabe muito bem que essa atração é física e prefere não namorar uma pessoa com quem não tem nada em comum. E há aqueles que correm atrás de jovenzinhas para satisfazer o ego; por insegurança, esses indivíduos necessitam provar para si que são capazes de conquistar quem quer que seja – mas por que você haveria de querer um namorado como eles?

Em segundo lugar, muitos homens preferem as mulheres maduras por achá-las mais interessantes. Além disso, um homem pouco se importa com a idade da mulher se está atraído por ela. Embora haja homens maduros prontos para paquerar garotas recém-saídas da adolescência, os mais jovens raramente flertam com uma mulher madura por se sentirem intimidados, acreditando que elas prefiram alguém mais velho, mais sofisticado. Geralmente, esses rapazes têm razão – a maioria das mulheres não dá bola para garotinhos.

Por fim, os relacionamentos mulher madura-homem mais jovem vêm se tornando mais comuns ultimamente. Apesar de haver uma série de razões que fundamentam a adoção desse comportamento, vários indivíduos que entrevistei me disseram que um dos motivos que os levam a optar por uma parceira mais velha é que a mulher madura tem qualidades que eles prezam. Por exemplo:

Autoconfiança. Mulheres maduras geralmente estão satisfeitas consigo mesmas, uma vez que a experiência de vida lhes deu segurança e objetividade. E quem tem autoestima e sente-se bem consigo mesmo quase sempre é boa companhia.

Maior estabilidade emocional. Se há algo que os homens detestam é instabilidade, sobretudo no aspecto emocional. E, vamos reconhecer: pessoas mais jovens têm mais propensão a se descontrolar, são mais suscetíveis ao efeito dos hormônios e têm menos experiência em lidar com os altos e baixos da vida cotidiana.

Maior independência. À medida que amadurece, a mulher vai aprendendo a tomar conta de si em vez de esperar que algum homem se responsabilize por ela. Isso vale tanto para o aspecto financeiro como para o aspecto emocional. Os homens geralmente se sentem pressionados pela ideia, antigamente tão aceita e disseminada, de que a mulher necessita de cuidado e proteção. Hoje em dia, o mais provável é que uma mulher madura tenha um emprego muito bem remunerado e uma carreira bastante satisfatória – além de apreço pelo próprio espaço. E há homens que preferem as que têm mais de 40 anos devido à menor probabilidade de elas virem a insistir para que se casem ou tenham filhos.

Mais firmeza em atitudes e palavras. Mulheres maduras não só sabem o que querem como não titubeiam na hora de expressar seu desejo. Uma das coisas que mais aborrecem um homem é a parceira esperar que ele leia os pensamentos ou decifre as vontades dela. A mulher madura descobriu que, para ter o que deseja, basta pedir.

O sexo é melhor. A mulher madura é mais experiente e mais propensa a confessar suas preferências na cama. E isso faz com que o sexo seja mais gratificante para ambos. Os homens gostam muito da mulher que aprecia transar e diz o que deseja na cama.

Há, porém, dois aspectos dos quais eles reclamam em relação às poucas mulheres maduras que namoraram. Um é a amargura; alguns, em especial os que têm mais de 40 anos, queixam-se de que as mulheres nessa faixa etária demonstram ressentimentos quanto aos homens em geral, ao casamento que terminou em divórcio, ao panorama amoroso. Com vimos no Erro nº 2, uma postura hostil é um *enorme* balde de água fria. Esse é um dos motivos pelos quais alguns homens maduros procuram a companhia de mulheres mais jovens – há bem menos probabilidade de elas guardarem rancores do passado.

O segundo aspecto é a falta de magnetismo pessoal. Para muitas, a boa aparência não requer muita atenção quando se é jovem; à medida que os anos avançam, porém, os cuidados com o rosto e o corpo mostram-se necessários. Se você cuidar da saúde, do seu bem-estar e da sua aparência, não terá problema algum em despertar a atenção masculina, tenha a idade que tiver.

Embora a beleza possa ressentir-se da passagem dos anos, muitos dos demais elementos que constituem o poder de sedução beneficiam-se do correr do tempo. A mulher torna-se mais segura, mais bem-sucedida profissionalmente e mais à vontade consigo mesma à medida que amadurece. Portanto, como você pode constatar, subestimar-se por causa da idade é pura perda de tempo. Se você fizer a sua parte, o magnetismo pessoal, e o poder de sedução, não tem idade.

Como atrair os homens como um ímã

Muito bem, já falei da importância do magnetismo pessoal e de como as mulheres se subestimam. Agora, vamos ao lado prático da questão – os elementos que constituem o poder de sedução.

Aparência

Como você bem sabe, o aspecto físico é muito importante para atrair o sexo masculino. É a primeira coisa em que os homens reparam e também o que inicialmente desperta o interesse deles em uma mulher. Ainda que só a aparência não baste para prolongar e preservar a atenção de um rapaz, trata-se de um fator que certamente reforça o coeficiente de magnetismo.

Não há muito que fazer para alterar as características físicas que herdamos, mas, com empenho e certos cuidados, é possível fazer um bocado para aumentar o poder de sedução que nos é inato. Empenho e cuidado dizem respeito às ações que você empreende para valorizar sua imagem, dedicando a necessária atenção aos cabelos e ao vestuário, procurando manter-se em boa forma física e em ótimas condições de saúde. A boa aparência não é resultado de alguma fórmula, tampouco é sinônimo de seios fartos, saia agarrada ou salto alto. Sim, os homens apreciam tudo isso, entretanto a boa aparência vai muito além desses detalhes.

Uma coisa de bom aquele programa tolo sobre as celebridades flagradas sem maquiagem me mostrou: constatei que, sem as roupas e os adereços destinados ao tapete vermelho, as beldades famosas parecem pessoas normais; tanto é assim que chega a ser difícil reconhecê-las naquelas fotos do dia a dia. Isso prova que são certos cuidados, e não a perfeição, que fazem a diferença. Até mesmo para as celebridades.

Apesar de haver inúmeras fontes onde obter conselhos e dicas relacionados à boa aparência, a seguir vou lhe dar algumas ideias – cada um dos itens a seguir tem o poder de atrair a atenção masculina independentemente da sua beleza ou da sua idade, e nenhum deles vai obrigar você a virar-se do avesso:

- **Providenciar um cabelo bem bacana.** Como os homens geralmente mantêm os cabelos bem curtos, os cabelos femininos quase sempre são a primeira coisa que desperta a

atenção deles. Um corte ou penteado bem bacana é capaz de transformar uma garota comum em uma mulher incrível, ao passo que um cabelo feio ou o corte errado pode ter o efeito contrário. Procure um expert no assunto, se for o caso, e cuide de escolher um penteado que combine com seu rosto, seu tipo de cabelo e seu jeito de ser.
- **Não exagerar na maquiagem.** Embora eu já tenha ouvido um ou dois indivíduos reclamarem que as mulheres não se maquiam o suficiente, perdi a conta dos homens que ouvi queixarem-se de mulheres com excesso de maquiagem. Lembre-se: você quer que eles prestem atenção em você, não na sua maquiagem.
- **Providenciar um bom guarda-roupa.** Um guarda-roupa renovado é realmente capaz de transformar uma mulher de aspecto desmazelado e deselegante em um mulherão de fazer cair o queixo. Procure roupas que não apenas caiam bem em você, mas que também combinem com seu estilo pessoal e seu modo de ser. Evite usar trajes antiquados, com jeito de datados – não é preciso acompanhar todas as tendências da moda, porém ignorá-las completamente tampouco vale a pena. É provável que um paquera não repare especificamente nessa ou naquela peça do seu vestuário, mas com certeza vai perceber o bem que um traje adequado e de bom gosto faz por você.
- **Manter-se em forma.** Mesmo que não seja preciso ser supermagra ou estar em excelente forma física, um corpo bem proporcionado e uma imagem saudável contam pontos quando se trata de ser fisicamente atraente. Embora haja aqueles que apreciam as esguias, muitos homens preferem uma mulher do tipo mediano ou com contornos curvilíneos, sobretudo se ela for feminina, vestir-se bem e cuidar de si.

Simpatia

Se quiser a atenção de um possível paquera, sorria e mostre-se receptiva. "Destrave" sua linguagem corporal: descruze os braços, olhe-o nos olhos e volte seu corpo para ele. O sorriso tem um efeito mágico sobre as pessoas, que reagem praticamente sem notar, antes mesmo de perceber o que estão fazendo – ainda que esse sorriso não seja para elas. Quando sorrio para mim mesma por causa de um pensamento que acaba de me ocorrer, percebo que meus interlocutores ficam mais atentos à conversa.

É difícil encontrar quem não goste da companhia de uma pessoa alegre, afável e receptiva. Pesquisas mostram que os homens consideram uma mulher simpática ou com uma linguagem corporal descontraída muito mais sedutora do que as demais. No mundo da paquera e do namoro, as simpáticas e amáveis vencem a disputa pelo interesse masculino; os homens as consideram mais acessíveis e mais cativantes.

Faz sentido. Quem é simpático e receptivo geralmente é feliz, e é sempre um prazer estar junto de quem é feliz. Esse tipo de pessoa faz com que os demais se sintam bem. Se você for verdadeiramente simpática e receptiva, decerto vai atrair a atenção masculina, e os rapazes vão sentir-se bem na sua companhia.

Segurança

Quando se pergunta a alguém o que acha atraente no sexo oposto, a resposta mais comum é segurança. A segurança, ou autoconfiança, não é apenas um atributo extremamente cativante, mas também um elemento muito importante no seu coeficiente de magnetismo. Segurança é acreditar em si; mesmo que não entenda desse ou daquele assunto ou não saiba como lidar com determinado problema, você acredita e confia na sua capacidade de enfrentar o que lhe aparecer pela frente e na sua disposição para fazer tudo o que estiver ao seu alcance a fim de sair-se bem em qualquer situação. Imagine só como essa qualidade é importante quando você se relaciona com alguém! Enfrentar uma dificuldade amorosa já sabendo que vai resolvê-la por si mesma não é nada mal, não é mesmo? Além do mais, uma pessoa segura não cria caso com o parceiro por qualquer tolice, o que contribui para o bom andamento do relacionamento.

Nem todo mundo é absolutamente seguro de si, claro, mas uma boa dose de autoconfiança já é meio caminho andado. Só não confunda segurança com arrogância. Arrogante é quem se julga superior aos demais, quem acha que sempre tem razão e crê que suas conquistas e seus talentos o fazem melhor do que os outros. Há quem pense que arrogância é excesso de autoconfiança quando, na verdade, é pura insegurança. O arrogante é uma pessoa insegura que normalmente não desperta a simpatia de ninguém. Quem é seguro de verdade sente-se bem consigo e atrai as demais pessoas para si.

Sucesso

Seja homem ou mulher, a pessoa bem-sucedida é sedutora porque dá mostras de dedicação ao trabalho e disposição para lutar pelo que quer da vida. Como atingir o êxito profissional e a prosperidade não é nada fácil, a pessoa bem-sucedida sobressai em meio às demais. E sucesso não é somente uma situação financeira confortável – é também ter metas na vida e esforçar-se por atingi-las sem nunca desistir. Hoje em dia, encontrar mulheres bem-sucedidas é um fato corriqueiro: elas estão nas universidades, perfazem mais de 50% dos alunos das faculdades de medicina, exercem profissões de destaque, administram o próprio negócio e competem como atletas de elite em praticamente todos os esportes.

Algumas profissionais de sucesso reclamam de que os homens se sentem intimidados diante de uma mulher exitosa. A verdade, porém, é que um indivíduo que se sente constrangido pelo triunfo de uma mulher é inseguro em relação a si próprio e também em virtude do que deixou de conquistar na vida. Agora, é importante registrar que a grande maioria dos homens não pensa nem age assim. De qualquer modo, a mulher que se depara constantemente com esses chorões ressentidos do sucesso feminino precisa se conscientizar de que o problema não está no sexo masculino em geral, e sim nesses indivíduos em particular.

Como ocorre com alguns homens que conseguiram atingir seus objetivos na vida, há mulheres bem-sucedidas que são arrogantes, agressivas ou competitivas demais. E vivem tentando provar que, além de extremamente inteligentes e poderosas, são plenamente capazes de competir no universo masculino. Esse tipo de mulher pode se dar muito bem no mundo dos negócios, porém é um fiasco nos relacionamentos interpessoais. Os homens apreciam uma mulher exitosa, e não alguém que necessita provar que é melhor do que eles.

Formada em Harvard, culta e talentosa, Michelle ocupou cargos importantes em prestigiados escritórios de advocacia e é muito bem-sucedida profissionalmente. O problema é que seus paqueras nunca são inteligentes o bastante para ela. Apegada às suas opiniões, Michelle se põe a discutir com qualquer rapaz que não compartilhe de seus pontos de vista e só para quando acha que ganhou a discussão. Depois disso, não perde a oportunidade de dizer às amigas quão estúpido ele era. Apesar de ser muito bonita, acaba afastando os paqueras e raramente tem um namorado.

Não há homem que goste de ser espezinhado. Tenho Ph.D. (doutorado) e livros publicados, e a maioria dos homens que conheço não se sente intimidada diante do meu sucesso – ao contrário, eles ficam muito bem impressionados. Embora eu tenha muito orgulho de tudo o que consegui na vida, minhas conquistas não dizem quem realmente sou nem me fazem melhor do que qualquer outra pessoa.

Sentir-se bem consigo mesma

Ter confiança em si é acreditar em si mesma e na sua capacidade de lidar com as circunstâncias; sentir-se bem consigo é gostar de si própria. Para gostar de quem se é e estar satisfeita com a própria imagem é preciso conhecer-se e aceitar-se. As pessoas – homens incluídos, é claro – gostam de quem gosta de si.

Uma mulher de bem consigo mesma aceita suas virtudes e seus defeitos, seja no aspecto físico ou não. Mulheres de mal consigo têm propensão a:

- Criticar outras mulheres.
- Ter posturas hostis em relação aos homens.
- Chatear-se com bobagens ou tomar qualquer coisa como afronta pessoal.
- Ressentir-se de pessoas bem-sucedidas ou seguras de si.
- Ter dificuldade em aceitar um elogio.

Pessoas que gostam de si não são apenas cativantes, são também boas companhias. Você vai descobrir que, quanto mais satisfeita consigo estiver, mais facilidade terá para aceitar os demais.

Eles também são inseguros (inclusive os irresistíveis)

Falei um bocado de como as mulheres são severas consigo e de como subestimam seu poder de sedução. Contudo, se servir de consolo, saiba que os homens também se sentem inseguros em relação ao magnetismo pessoal que possuem.

Quando o assunto é atração física, os principais temores que assombram o mundo masculino são o tamanho do pênis e a calvície. No entanto, os homens também se preocupam com peso, acúmulo de gordura sob a pele e pernas muito finas. Outra nuvem negra que paira sobre a cabeça deles é o fato de não serem fortes, altos e musculosos como gostariam. Isso sem falar da chateação de não conseguir, apesar de todos os esforços, uma barriga "tanquinho".

Ainda que não tão perfeccionistas quanto as mulheres, eles também querem ser bonitos e ter uma boa presença, pois imaginam que sem isso não serão capazes de despertar o interesse do sexo oposto. E não são apenas os homens de aparência comum que dizem isso – indivíduos de traços marcantes e físico perfeito são igualmente inseguros e, como as mulheres, vivem atentos a seus pontos fracos. Um homem muito bonito e inteligente que entrevistei não se conformava com o excesso de gordura no abdome; outro bonitão, bem alto, com 28 anos e um físico estupendo, cismava com sua altura. Os irresistíveis, que também levam seus foras, não escapam dos contratempos do namoro e das agruras que têm de enfrentar para encontrar a mulher ideal.

Além disso tudo, eles se preocupam também com a idade, pois sabem que, privados do vigor corporal da juventude, terão de encarar a relativa perda de aptidão para as práticas esportivas. E o fato de preservarem a capacidade de reprodução ao envelhecer não lhes serve de consolo, pois não é isso o que desejam em virtude do relógio biológico – qual é a vantagem de ser pai em uma idade avançada diante das dificuldades de cuidar de uma criança? Que homem vai querer ter um filho quando estiver velho demais e sem condições físicas para jogar futebol com ele? Não há homem no mundo que anseie por isso.

Outra preocupação que ronda o mundo masculino é a incapacidade de satisfazer a parceira na cama. Outra é ser bem-sucedido na profissão ou ter recursos financeiros suficientes para despertar o interesse de uma mulher, afinal eles estão fartos de ver garotas correndo para junto de homens com carros vistosos e físico atlético. Enquanto a mulher acha que tem de ser uma Gisele Bündchen, o homem quer ser um Tom Brady.

No fim das contas, porém, todos desejamos o mesmo: conquistar um companheiro digno dos nossos melhores sentimentos. E você é capaz de conquistar o seu, desde que se concentre no mais importante – ser sedutora de dentro para fora.

Erro nº 7

Você deixa que ele a escolha

> *"As mulheres não só comandam o jogo e fazem as regras como ainda são as donas do placar."*
> O livro definitivo da linguagem corporal

Anos atrás, eu estava me exercitando na academia quando senti que alguém me observava. Virei – e ele correu para olhar em outra direção. Eu já o tinha visto por ali e reparado que era um sujeito simpático, de boa estampa, um fofo. *Muito* fofo, na verdade. Pouco depois, tornei a experimentar aquela mesma sensação, então me virei novamente. Ele estava me observando de novo, mas, dessa vez, olhou-me nos olhos e, ao cabo de alguns instantes, sorriu para mim – mas não veio falar comigo! E eu não me senti à vontade para ir até ele; além de ser um pouco tímida, a sala de pesos não me pareceu o lugar ideal para um bate-papo. Não era a primeira vez que aquilo me acontecia: ficar interessada em um homem que se mostrava interessado em mim, e tudo acabar em nada.

Decidida a não perder outra oportunidade que viesse a surgir, e sem saber ao certo que atitude tomar quando isso acontecesse, postei uma mensagem em um conhecido fórum de perguntas e respostas da internet, na qual expliquei minha situação e pedi conselhos aos participantes. Os representantes do sexo masculino da sala de debates responderam em peso à minha mensagem, explicando por que, em circunstâncias como aquela da academia, prefeririam afastar-se. E as respostas que eles postaram diziam basicamente o mesmo:

- Que temiam levar um fora.
- Que receavam incomodar garotas que não querem ser abordadas.
- Que não queriam ser "aquele homem" – o chato de galochas que paquera garotas que não se mostram interessadas nele e sempre acaba levando um chute no traseiro.
- Que precisavam de algum tipo de sinal, como um sorriso ou um olá. E que, a partir daí, assumiriam o comando.

Todos pareciam ter entendido perfeitamente bem o meu problema, pois certamente já haviam passado por situações como aquela. E nenhum deles fez comentários do tipo "prefiro dar o primeiro passo" ou "me aproximo de uma garota só quando estou de fato a fim dela". Curiosamente, a única garota que respondeu à minha mensagem disse que não valia a pena eu me importar com um paquera que "não tinha coragem de ir falar comigo", para em seguida concluir que ele, na verdade, não devia estar assim tão interessado em mim. Ora, a resposta dela era exatamente o oposto das respostas dos rapazes! E, como você vai constatar ao longo deste capítulo, aquela garota não fazia nem ideia do que estava falando. Então, para concluir a história: se acabei saindo com o sr. Fofo? Não, ora bolas! Por quê? Porque em vez de simplificar, tornei tudo complicado demais para ele.

Desde aquele dia, fiz várias pesquisas para descobrir como uma garota deve aproximar-se ou quebrar o gelo com o rapaz em quem está interessada. A experiência que tive deu-se em uma academia de ginástica, mas conhecer uma pessoa que desperta nossa atenção é algo que pode ocorrer em qualquer outro lugar: no supermercado, no barzinho onde se toma uma boa cerveja ou na festa daquela sua amiga. Entrevistei um sem-número de indivíduos, e todos deram as mesmas respostas dos garotos do fórum on-line. Claro, todas nós conhecemos aqueles tipos que são bem atrevidos: o irreverente do bar esportivo que nos chama de "gostosa", o cínico que a convida para sair após quinze segundos de conversa, o aprendiz de conquistador que dá em cima de qualquer garota na esperança de conseguir um "sim". No entanto, homens assim são a exceção, e não os paqueras em quem estamos interessadas!

A verdade é que *nos aproximar da pessoa de quem estamos a fim é provavelmente a tarefa mais árdua e intrincada do relacionamento amoroso, tanto para homens como para mulheres.* E, em decorrência do fato de a abordagem ser tão complicada, muitas vezes optamos por admirar alguém de longe como forma de evitar o risco de levar um fora. Quase sempre, as garotas cruzam os braços e ficam à espera de que os rapazes tomem a iniciativa e deem o primeiro passo. Ao agirem assim, são abordadas por rapazes chatos ou inconvenientes, ou por rapaz nenhum — e depois se põem a reclamar de quanto é difícil conhecer um cara bacana. Este, senhoritas, é o Erro nº 7: vocês deixam a decisão nas mãos deles.

Por que a mulher deve tomar a iniciativa

Independentemente do que você possa ter ouvido por aí, é a garota que deve tomar a iniciativa com o rapaz de quem está a fim, e não o contrário. E um dos motivos para que seja assim é que as mulheres costumam superestimar a coragem dos homens. Sim, eles são audazes e briosos. Arrebentam-se na garupa de uma motocicleta, arriscam todas as economias que conseguiram juntar para abrir uma empresa ou se humilham em público como os rapazes do programa *Jackass*. Mas quando se trata de mulher, a maioria se apavora.

Os homens detestam levar um fora. Ficam de olho na garota que lhes agrada e não puxam conversa com ela, inventam frases ou elaborados métodos para abordar quem estão paquerando ou tentam conhecer possíveis namoradas em bares, onde alguns drinques vão ajudá-los a dominar seus temores. Se você ler algum guia de paquera para o público masculino, e há um punhado deles à disposição, vai ver que fazer contato com o sexo feminino é a maior dificuldade que eles têm de enfrentar — e que os próprios autores desses manuais levaram anos para superar o receio de abordar uma mulher.

Muitas garotas não se dão conta disso. Afinal, no cinema esses homens fazem loucuras para chamar a atenção de uma mulher, não é mesmo? Sim, mas filmes são produtos da imaginação de um artista, e é por isso que os adoramos! Que homem não gostaria de ter a coragem de cantar *You've lost that loving feeling* para uma bela garota em um bar, como Maverick fez em *Top gun*? Mesmo assim, eles vêm atrás de nós, nos telefonam e nos convidam para sair, certo? Sim, *porém só quando sentem que têm ótimas probabilidades de sucesso*. Em geral, um homem dá um passo adiante após se certificar de haver ao menos 75% de chance de que a garota vá querer conversar com ele, dar o número do telefone dela ou aceitar um convite para sair. Acercar-se de uma mulher que não deu o sinal verde através de um contato olhos nos olhos, um sorriso ou qualquer outro tipo de mensagem sem palavras rebaixa a 10% as chances de sucesso – essa probabilidade é suficiente para alguns indivíduos, mas não para a maioria.

Esse receio tem seu lado positivo: se eles fossem mesmo atrevidos, você levaria cantada de sujeitos por quem não sente a menor atração, o que seria um pesadelo. É esse o motivo pelo qual as mulheres deveriam tomar a iniciativa no jogo amoroso – para que eles saibam que estão liberados para acercar-se ou abordá-las. É você quem detém o poder e está em vantagem no jogo amoroso – aproveite! Ao tomar a iniciativa, você seleciona os rapazes que lhe interessam e dá a eles o sinal verde, em vez de deixá-los escolhê-la e depois se aborrecer porque não são o tipo de homem do seu agrado.

Aqui vai um bom exemplo de um homem que só resolveu agir depois que a garota pôs a roda para girar:

Hannah e Joseph estudavam finanças na mesma turma. De quando em quando, Hannah o flagrava a observá-la e, ainda que os dois trocassem olhares nessas ocasiões, Joseph nunca se aproximava dela. Um dia, durante um cafezinho, Hannah puxou papo com ele. Conversaram por alguns minutos, e Joseph a convidou para sair. Tempos depois, ele confessou que, embora ficasse a fim dela desde o primeiro instante, não se sentira à vontade para abordá-la. Joseph argumentou que não gostava de dar em cima de ninguém, preferindo que a garota tomasse a iniciativa de quebrar o gelo.

E então, Joseph é um medroso ou apenas um sujeito precavido que quer ter certeza de ser bem acolhido antes de dar o primeiro passo? Os homens também são sensíveis – e, assim como nós, querem sentir-se valorizados e desejados. Ao aceitar esse fato, você será mais compreensiva e terá MUITO mais sucesso junto ao sexo masculino.

Quer outro motivo para não se sentir constrangida quanto a tomar a iniciativa? Deixar essa tarefa a cargo dele não é próprio da natureza. Na verdade, e quase sempre sem aperceber-se, é a espécie feminina que faz o relacionamento acontecer. Pesquisas comportamentais com humanos e animais comprovam que é a fêmea, e não o macho, que inicia o processo de aproximação e contato. Em muitas espécies animais, a fêmea dá início aos rituais de acasalamento exalando feromônios ou emitindo outro sinal. Embora os rituais de reprodução dos humanos sejam mais complexos, a ideia é basicamente a mesma: a mulher demonstra seu interesse por determinado indivíduo através de uma série de sinais, e ele responde a esse estímulo, indicando ter identificado os indícios do interesse dela. Esses sinais são transmitidos através da linguagem corporal. Quase sempre, a linguagem corporal feminina, e a capacidade do homem de interpretá-la, constituem um processo totalmente inconsciente.

Pesquisadores que filmaram rapazes e garotas interagindo em festas ou barzinhos descobriram que a mulher exibe uma série de "sinais de paquera" para o homem. Veja uma cena típica:

Um homem acha uma garota atraente e se põe a observá-la. Ela percebe, os dois se fitam nos olhos, mas ela logo desvia o olhar. Ele volta a observá-la; ela dá uma espiadela por cima do ombro e vê que ele continua a admirá-la. Dessa vez, porém, a garota o encara e, durante essa troca de olhares, dá um sorriso. Então o rapaz vai ao encontro dela.

Nessa cena, é bem provável que você tenha achado que foi o rapaz quem deu início à paquera, mas não foi isso o que aconteceu. Ele reparou nela e até se pôs a observá-la com atenção, mas foi o sorriso da jovem, que ela deu enquanto o encarava, que o "autorizou" a ir abordá-la. Foi ela quem deu as cartas, não ele.

Em resumo, o rapaz tem vontade de aproximar-se de determinada garota, no entanto se contém por não querer ser aquele chato que aborda mulheres que não estão interessadas nele. Quando a mulher supõe que os homens são mais atrevidos e audaciosos do que eles realmente são, nada acontece. Isso coloca ambos os sexos em um beco sem saída, onde ninguém consegue o que está querendo. A maioria dos rapazes está disposta a fazer a parte deles e vir conversar com você ou convidá-la para sair, por isso você precisa fazer a sua parte e abrir caminho para que eles se aproximem! Um homem não vai dar o primeiro passo sem antes receber um sinal, portanto é melhor você decidir como enviar esse sinal!

Mas o que é tomar a iniciativa?

Tomar a iniciativa é deixar claro a um rapaz que você aceita que ele se aproxime e a paquere. Pode ser tão simples quanto fazer um contato olhos nos olhos, puxar conversa ou, dependendo das circunstâncias, dar o número do seu telefone a ele. É demonstrar para um homem que ele pode abordá-la, telefonar ou convidá-la para sair sem correr o risco de que isso vá importuná-la porque você não quer saber dele. Tomar a iniciativa, ou dar início à paquera, não é o mesmo que dar em cima de um rapaz ou se atirar no colo dele; não se trata de um comportamento agressivo ou com conotação sexual. Embora alguns homens necessitem de dicas bastante óbvias, para a maioria basta apenas uma leve manifestação de interesse, um sinal para que ele se ponha em ação.

O básico do processo de tomar a iniciativa

Para tomar a iniciativa junto ao sexo masculino, você precisa compreender as principais condutas do flerte. Essas condutas abrangem a linguagem corporal, o contato olhos nos olhos e o bate-papo.

Apesar do avançado estágio de desenvolvimento que atingimos em relação à linguagem, 80% do que queremos expressar não é dito oralmente. Quando você "desconfia" ou "tem a sensação" de que despertou o interesse de um rapaz, muitas vezes está interpretando inconscientemente um gesto ou um movimento que ele fez. A linguagem corporal torna-se ainda mais poderosa e eficiente quando se é capaz de reconhecê-la no nível da consciência, algo que vai ajudá-la a identificar os rapazes interessados em você e a fazê-los perceber seu interesse por eles – tanto uma coisa quanto a outra são muito importantes para o início da paquera.

Um rapaz a fim de você emite os seguintes sinais:

Olhar. Ele lança olhares em sua direção, geralmente repetidas vezes, ou então a observa furtivamente e tenta disfarçar no instante em que você o "pega no pulo". Quanto mais demorados e mais frequentes forem esses olhares, maior é o interesse dele por você.

Expressão facial. É provável que ele sorria (não somente com os lábios, mas também com os olhos), faça acenos com a cabeça ou apenas a tombe ligeiramente de lado. Sinais mais sutis podem ser um leve arquear de sobrancelhas e a dilatação das pupilas.

Proximidade. É possível que ele passe rente ao seu corpo, coloque-se ao seu lado ou lhe dê a impressão de estar perto de você mais vezes do que seria de se esperar. Se ele a viu em determinado lugar, é bem provável que volte a aparecer por lá e com frequência.

Comportamento. Pode ser que ele tire um fiapo da camisa, ajuste a gravata ou passe a mão nos cabelos. Inconscientemente, está tentando fazer-se mais atraente aos seus olhos.

Aprumar-se. Ele endireita as costas e levanta os ombros, estufa o peito ou entreabre as pernas, como se quisesse parecer mais viril.

Linguagem corporal. Se estiver conversando com você, ele faz com que seus corpos fiquem frente a frente e a encara (embora não necessariamente), com os pés voltados na sua direção, e deixa os braços ou caídos junto ao corpo ou em uma posição em que não pareça usá-los para defender-se.

É possível se basear nesses mesmos sinais para detectar quando um rapaz é indiferente a você. Por exemplo, um homem que não estiver interessado em paquerá-la geralmente:

- Não olha para você ou, se olha, o faz rapidamente.
- Assume uma linguagem corporal pouco receptiva, com o corpo, as pernas ou os pés voltados na direção oposta à sua (como se pronto para afastar-se), ou com os braços cruzados junto ao peito.
- Ostenta um ar alheio ou entediado, ou lhe dá um sorriso que não chega a iluminar o olhar dele.

Assim como a linguagem corporal, o contato olhos nos olhos é uma forma de comunicação não verbal e, de tão eficiente que é, merece lugar de destaque. Se você quiser descobrir o que vai na cabeça e no coração de um rapaz, olhe nos olhos dele. Esse tipo de contato é provavelmente a maneira mais contundente pela qual o ser humano manifesta suas emoções, o que inclui o fato de sentir-se ou não atraído por determinada pessoa. O contato olhos nos olhos tem tal eloquência que, em certas circunstâncias, é bastante comum que se queira evitá-lo. Você já esteve em um elevador, não é mesmo? As pessoas ali dentro não se olham nos olhos, afinal são estranhos confinados em um espaço de pequenas dimensões – uma experiência extremamente desconfortável.

Vejamos os diferentes tipos de contato olhos nos olhos e seu significado:

Tipo	Duração	Significado
Breve	Uma fração de segundo	"Você existe" "Estou vendo você"
Mais demorado	1-2 segundos	"Você é atraente" "Sou capaz de me interessar" "Estou reconhecendo você"
Prolongado	3 segundos ou mais	"Você é muito atraente" "Estou bem interessado" "Você mexe comigo"

O contato olhos nos olhos breve é para uma pessoa comum; é uma forma de dizer que você tomou conhecimento da presença dela – fitar alguém nos olhos por mais de uma fração de segundo teria outro significado e, portanto, causaria desconforto. Em relação a um paquera, um contato olhos nos olhos do tipo breve é sinal de que ele não está interessado em você.

O olhar mais demorado é um pouco mais envolvente. Geralmente significa certo interesse ou a constatação de que a outra pessoa é atraente. Olhamos com mais cuidado e menos pressa para o que chama nossa atenção ou desperta nosso interesse – isso vale para qualquer pessoa, inclusive crianças. O contato olhos nos olhos mais demorado também é utilizado quando alguém reconhece uma pessoa, muitas vezes um conhecido ou um colega, ocasião em que normalmente é seguido por um aceno de cabeça ou um cumprimento. Vindo de um rapaz, esse tipo de olhar significa que ele a está observando e é provável que se sinta atraído por você.

O contato olhos nos olhos prolongado é material de primeiríssima qualidade. Além de nos tirar da nossa zona de conforto, pode ser impactante e bastante revelador. Se o rapaz de quem você está a fim faz esse tipo de contato olhos nos olhos, sobretudo se foi ele quem tomou a iniciativa, fique alerta, pois isso é sinal de elevados níveis de interesse e atração.

Aliás, se quiser saber se um rapaz está mesmo interessado em você, examine os seguintes aspectos:

Número de ocorrências. Olhar fundo nos seus olhos mais de uma vez é forte indício de que ele está a fim. Se não estivesse interessado, ele olharia apenas uma vez (provavelmente por um curtíssimo espaço de tempo) ou simplesmente evitaria fitá-la nos olhos.

Duração. Quanto mais demorado o olhar, maior o interesse e a atração. O olhar prolongado é também um sinal de coragem e autoconfiança. Um olhar fugaz ou o fato de ele interromper o contato olhos nos olhos podem significar que o interesse não é tão forte, mas, por outro lado, podem ser apenas sinal de timidez ou receio.

Quem toma a iniciativa. Se ele toma a iniciativa de fitá-la nos olhos e sustenta esse olhar até você interrompê-lo, esse é um indício inquestionável de atração e interesse. Na verdade, prolongar um olhar desse tipo é sempre um bom sinal, independentemente de quem tenha tomado a iniciativa.

Expressão no olhar. Se os olhos dele parecem cintilar, iluminar-se ou enternecer-se, isso é bom sinal. Olhos cansados, sérios ou vazios são mais difíceis de interpretar, por isso será preciso atentar a outros indícios para se certificar de que ele está interessado em você.

O contato olhos nos olhos, assim como as demais formas de linguagem corporal, quase nunca é um ato consciente. Os rapazes não dizem: "Ei, aquela garota é *sexy*, acho que vou fitá-la nos olhos por mais de dois segundos e ver como ela reage". É algo instintivo, o que faz com que cause tanto efeito e seja tão revelador. Esse tipo de contato não só exprime atração como faz com que ela se intensifique. Estudos têm comprovado que, quando duas pessoas se olham nos olhos durante um bate-papo, a opinião que uma tem a respeito da outra se valoriza consideravelmente. Tenha isso em mente quando for paquerar alguém.

Ainda que somente 20% da nossa comunicação interpessoal sejam pela via verbal, esses 20% são fundamentais quando você pretende se dar bem com o homem em quem está interessada. Depois de você ter quebrado o gelo e puxado conversa com ele, se estiver interessado esse rapaz irá:

Prolongar a conversa. Ele encontra o que dizer e normalmente prolonga o bate-papo até quando for possível. Um sujeito sem interesse pela paquera evita conversar com você ou, se conversa, dá a impressão de estar com a cabeça em outra coisa qualquer e não fala mais do que umas poucas palavras.

Ouvir. Ele não só presta atenção ao que você diz como também se mostra interessado no assunto. Quando vocês voltam a se encontrar, ele lembra seu nome, pergunta das suas aulas de física ou então se recorda da conversa que haviam tido previamente.

Perguntar de você. Ele quer saber mais a seu respeito. Mesmo que não aja assim, ainda é possível que esteja a fim de você; agora, se ele demonstrar essa curiosidade, considere isso um bom sinal.

Falar do que possui e do que conquistou. Esse comportamento, apesar de meio bizarro, é uma forma bastante comum de os homens tentarem impressionar o sexo oposto. Alguns são explícitos: um homem que paquerei me disse que o que eu ganhava em um ano correspondia a apenas um dos bônus que ele recebia da empresa na qual trabalhava (eu ainda estava na faculdade – e, não, não saí com ele!). Outros são mais sutis: outro paquera, ciente de que as garotas apreciam músicos, comentou como quem não quer nada que tocava em uma banda.

Elogiar você. Esse é sempre um bom sinal.

Parecer nervoso. Outro sinal muito bom. Quando vocês estiverem conversando, observe se ele gagueja, tropeça nas palavras, limpa a garganta, fica com o olhar fugidio ou aparenta ansiedade.

Comentar que é solteiro. É provável que ele mencione a ex-namorada ou o fato de morar sozinho. Se por acaso você o viu com outra garota, ele fará questão de explicar que se trata de uma amiga ou parenta.

Reconhecer você. Se enquanto vocês conversam, ele se lembra de já tê-la visto na faculdade, em um restaurante, na academia ou em outro lugar qualquer, isso é um bom sinal. Indica que ele tinha reparado em você, a ponto de lembrar-se de suas feições.

Convidá-la para sair. Se um rapaz demonstra estar a fim de você e não a convida para sair, é bem provável que tenha namorada. Ou então é muito tímido e precisa de maiores incentivos.

Interpretar a linguagem corporal e outros indícios de atração e interesse é uma arte que requer prática e experiência. Não se deixe levar por um único e específico sinal – é preciso estar atenta a um conjunto de indícios.

O abecê da iniciativa

Muitas vezes percebemos como por instinto se alguém está ou não interessado em nós e, quando aprendemos a identificar os sinais que essa pessoa manifesta, esse sexto sentido se torna mais aguçado. Contudo, mesmo que seja muito mais fácil para uma garota perceber se um rapaz está interessado nela do que para um rapaz perceber se a garota está interessada nele, nada garante que as mulheres estejam sempre certas – às vezes, estamos redondamente enganadas! Seja como for, errar e acertar fazem parte do aprendizado e da experiência; mas, se aprender a entender o que eles estão querendo, você vai aumentar muito suas chances de sair-se bem com os rapazes em quem ficou interessada.

Identifique os sinais a frio

Um dos primeiros passos para tomar a iniciativa com um rapaz é saber reconhecer os sinais de que ele está a fim de você. Como já vimos, esses sinais se manifestam na linguagem corporal dele, no contato olhos nos olhos e no modo como ele conversa com você. Com a experiência, detectar se ele se sente atraído por você vai ficando mais instintivo, mais natural. Se perceber que um homem a está observando, uma de suas opções é decidir se lhe interessa corresponder e pôr mãos à obra. Se ele estiver dando sinais de estar interessado, você terá boas chances de sucesso se fizer sua parte e tomar a iniciativa, usando as estratégias que já examinamos.

Agora, não identificar esses sinais (pode até ser que sejam ambíguos) não é motivo para que você não tome a iniciativa. Às vezes, um rapaz acaba se interessando só de saber que você sente atração por ele. As pesquisas têm demonstrado que achamos as pessoas mais atraentes ao descobrirmos que elas estão interessadas em nós. Essa é mais uma explicação do porquê de a iniciativa produzir bons resultados.

> Laura e José trabalhavam em um restaurante. Laura estava a fim de José, um rapaz discreto e calado que não demonstrava interesse por ela. Laura comentou com uma colega que achava José atraente, e essa moça contou para ele. José começou a conversar com Laura e, uma semana depois, convidou-a para sair. Os dois ainda estão juntos.

Envie o aviso

Ainda que todas as mulheres, de um modo ou de outro, enviem sinais do seu interesse ao representante do sexo oposto sem ao menos darem-se conta disso, umas são mais sutis do que as outras. No entanto, sutileza não funciona com a maioria dos homens. Se você quer chamar a atenção de um rapaz, envie sinais claros e diretos, acendendo a luz verde para indicar que está acessível a um bate-papo. Algumas formas de colocar essa ideia em prática são:

Grude os olhos em quem achar atraente. Deixe que ele perceba que você o está admirando, mesmo que seja só por alguns instantes. Se um rapaz flagra você a observá-lo, e não for um tonto, no mínimo vai perceber seu interesse e provavelmente começar a dar sinais de estar a fim de corresponder ou não. Contudo, não seja sutil demais – talvez seja preciso que ele a pegue a admirá-lo umas três vezes para ter certeza de que não está equivocado. Não o encare prolongadamente, apenas deixe claro que ele está no seu radar.

Faça contato olhos nos olhos. Se você realmente quer chamar a atenção de um rapaz, olhe bem nos olhos dele. A menos que você seja uma mulher ousada, não será fácil – esse tipo de contato mexe com a pessoa. Se ele evitar seu olhar e não voltar a fitá-la nos olhos, é sinal de que não está interessado, pelo menos não nesse momento. Se ele corresponder, sustente esse olhar por alguns segundos e, após um minuto ou dois, volte a encará-lo. Se ele continuar correspondendo, é meio caminho andado. Há rapazes que inclinam a cabeça ou sorriem, e os mais extrovertidos talvez a cumprimentem com um olá.

Sorria. Se o contato olhos nos olhos desperta a atenção de um rapaz, um sorriso geralmente é o sinal verde de que ele necessita para ir abordá-la. Sorrir, mesmo que não diretamente para ele, mostra que você é afável e está acessível – ou pelo menos não parece pronta para recebê-lo de maus bofes ou com um belo de um fora.

Descontraia sua linguagem corporal. Para passar a impressão de estar aberta à paquera, mantenha uma expressão facial receptiva e relaxada. Não cruze os braços nem as pernas. Volte o corpo na direção do rapaz em quem está interessada e olhe para ele. Uma garota sorridente com uma linguagem corporal descontraída tem muito mais chance de sucesso do que uma garota de cara amarrada e braços cruzados, com o olhar fixo no chão.

Mostre-se acessível. A melhor maneira de parecer acessível é estar desacompanhada, pois assim não haverá motivos para que seu paquera se sinta intimidado. No entanto, como é bem provável que você não queira ir sozinha a um barzinho ou uma festa, não há por que evitar a companhia de uma amiga. A pior coisa, porém, é estar cercada por uma turma de mulheres. A ideia de meter-se entre uma porção de garotas geralmente apavora os rapazes, e só os mais maluquinhos (ou embriagados) se aventuram a fazê-lo, quase sempre com péssimos resultados. Não se esqueça de escolher bem o local onde vai ficar: em um barzinho, evite os lugares mais escondidos ou as mesas nos fundos do estabelecimento; em uma festa, prefira o centro da sala ou salão ou algum ponto próximo aos petiscos e bebidas; na academia, não use tocadores de música com fones de ouvido.

Muito bem, agora você já sabe como aumentar suas chances de fazer com que um paquera se aproxime tomando a iniciativa através da linguagem corporal; mas, e quanto à atenção indesejada? Se vir um homem observando-a e não estiver interessada nele, ou não estiver a fim de paquerar seja quem for, faça exatamente o contrário de tudo o que foi relacionado anteriormente: evite olhar para ele e, principalmente, olhá-lo nos olhos. Não sorria; mostre-se meio contrariada. Se possível, contraia sua linguagem corporal afastando-se dele ou cruzando os braços. Ele não vai pensar: "Oh, ela não está olhando nos meus olhos, então não deve estar interessada em mim"; apenas saberá, instintivamente, que é para ficar longe.

Dê a ele um "sim"

Muitas vezes um rapaz repara em você e pensa em puxar conversa, mas não sabe muito bem o que dizer. E como nenhum homem gosta de sentir-se um pateta, dar a impressão de estar em "papos de aranha" ou recorrer a frases feitas meio bobocas, dê um "sim" ao seu paquera, um pretexto para que ele venha falar com você.

Use uma camiseta ou um boné com alguma mensagem. Os rapazes prestam atenção a frases em camisetas ou bonés e muitas vezes gostam de comentá-las. Prontinho – bate-papo à vista! Você pode usar também o emblema do seu time, o brasão da faculdade ou do seu estado natal, ou então alguma coisa engraçada. Perdi a conta das vezes em que os meus paqueras fizeram comentários sobre as minhas camisetas.

Ria. O riso pode ser ainda mais eficaz do que o sorriso para incentivar um bate-papo. Por exemplo: se você rir de algo engraçado no jornal na fila para um cafezinho, ele vai querer saber qual é o motivo da risada. E se sentirá à vontade para interpelá-la, uma vez que pessoas risonhas geralmente são alegres e sociáveis.

Leia um livro interessante ou polêmico. Em uma livraria, em uma cafeteria ou em um aeroporto, os rapazes vão reparar no livro que você tiver nas mãos. Um best-seller ou um livro polêmico têm mais chances de propiciar um bom bate-papo. Já literatura feminina provavelmente não surtirá o mesmo efeito.

Use roupas vistosas. Os homens reparam em roupas e acessórios bem mais do que você pensa. Um par de botas diferente, a cor do esmalte ou mesmo uma joia costumam chamar a atenção de um rapaz. Pode até ser que ele também se interesse por trajes e acessórios, mas geralmente moda é só um pretexto para puxar conversa com você.

Fique sócia de um clube. Em clubes e demais sociedades esportivas (por exemplo: dedicadas à corrida ou ao ciclismo, associações atléticas de colégios ou universidades) há assunto de sobra – o esporte praticado – para seus sócios e participantes. Sabendo que vocês têm algo em comum, os rapazes se sentirão mais à vontade para puxar conversa. O mesmo se dá com eventos sociais voltados a algum objetivo em particular, tais como comemorações após a vitória de um time ou festas de aniversário – ele pode perguntar como você se tornou torcedora daquele time ou como conheceu a aniversariante.

Minha experiência me diz que nunca se sabe o que os homens vão dizer ou no que vão reparar, mas mesmo que suas tentativas não resultem em namoro, ao menos você vai desfrutar de um bate-papo agradável e adquirir uma boa bagagem ao conversar com uma variedade de pessoas.

Flerte

Às vezes o contato olhos nos olhos, um sorriso e outras táticas despertam a atenção de um rapaz, porém não são suficientes para fazê-lo vir falar com você. Aqui vai uma lista de motivos pelos quais ele pode estar precisando de maiores incentivos:

Ele já se equivocou. Muitos homens se deram mal por ter interpretado erroneamente os sinais de uma garota, vindo depois a descobrir que ela não estava interessada neles, queria que fossem apenas bons amigos ou já tinha namorado. Rapazes que passaram por isso aprenderam a ficar de sobreaviso, à espera de outros e mais evidentes sinais antes de se exporem ao risco de levar mais um fora.

Ele é tímido. Enquanto há homens que têm receio de abordar uma mulher, alguns são apenas tímidos e não tem o hábito de puxar conversa com estranhos. Eles precisam de um empurrãozinho mais forte. Quase sempre você acaba descobrindo que são caras muito bacanas, com medo de ir com muita sede ao pote quando paqueram ou namoram.

Ele é mais novo do que você. Como vimos no Erro nº 6, é bem menos provável que homens mais jovens paquerem uma mulher madura, por isso tomar a iniciativa com um bom bate-papo deve ajudar.

Ambiente. Os homens são menos predispostos a puxar conversa com uma mulher em lugares onde as relações sociais ficam em segundo plano, como a academia de ginástica, a mercearia ou o banco. Contrariando o mito popular de que a academia é "o mercado da carne" (onde solteiros e solteiras se exibem à procura de alguém para casar), a maioria dos rapazes prefere ignorar as garotas que lá se exercitam – eles não querem levar um fora ou um balde de água fria, ainda mais na frente de outros homens.

Você é linda. Muitos rapazes se sentem intimidados diante de uma garota muito bonita, supondo que ela já tenha namorado, possa encontrar alguém mais bacana do que eles ou esteja farta de levar cantadas. Se você realmente está farta daqueles que só a paqueram devido à sua aparência, que tal papear com homens mais inteligentes e menos caras de pau?

Você é reservada. Pessoas reservadas são mais introvertidas e comumente têm uma linguagem corporal tensa, o que faz com que pareçam menos sociáveis. Se já lhe disseram que você parece sisuda ou inacessível, os ônus de tomar a iniciativa estão todos sobre seus ombros. Mulheres mais extrovertidas têm mais facilidade para encontrar um namorado.

Em resumo, é provável que alguns rapazes necessitem de outros sinais além dos não verbais para sentir-se encorajados, especialmente em determinadas situações. Ultrapassar a primeira etapa significa deixar claro de uma vez por todas que você está a fim de paquerá-lo e quer saber o interesse dele nessa paquera. Assim, como quebrar o gelo e dar início a um bate-papo? Vejamos algumas sugestões:

Cumprimente. Um simples "olá" geralmente é ótimo para quebrar o gelo. Se você costuma vê-lo regularmente, um "Como vai?" ou "Tudo bem com você?" é uma boa maneira de cumprimentá-lo sem passar a impressão de estar com segundas intenções. Se ele tiver interesse em conversar, certamente encontrará assunto.

Peça ajuda. Pergunte a ele que horas são ou que caminho fazer para chegar a tal lugar, ou peça ajuda para alguma tarefa urgente. Se estiver na academia, pergunte como utilizar determinado aparelho ou peça auxílio com os pesos. Os homens gostam muito de colaborar com as mulheres. E, se simpatizar com você, ele vai se encarregar de prolongar a conversa.

Elogie. Habituados a elogiar, os homens raramente recebem elogios. Certa vez elogiei a camisa de um homem em uma festa cheia de gente – e acabou que passamos o resto da noite conversando. Pelo fato de não estar acostumado a receber elogios, pode ser que ele se mostre meio constrangido ou até finja não ter escutado seu cumprimento. Não esmoreça – se ele continua de papo com você, é sinal de que deve estar pulando de alegria por dentro.

Diga que se recorda dele. Se você estiver em uma festa e reconhecer um rapaz que viu na academia ou na cafeteria, cumprimente-o e diga que o conhece desse lugar. A cordialidade do seu gesto aumenta as chances de ele ser gentil e receptivo a um bate-papo.

Apresente-se. Esta é uma boa maneira de tomar a iniciativa em ocasiões em que se espera que as pessoas apresentem-se umas às outras, como eventos sociais, no ambiente de trabalho ou em uma festa. Se você for recém-contratada de alguma empresa, apresente-se aos seus colegas e conte que está começando a trabalhar ali. Se ele se associou recentemente ao clube que você frequenta, diga um olá e se apresente.

O bom de todas essas sugestões é que podem ser colocadas em prática de uma forma natural, sem que soem ousadas, agressivas ou com alguma conotação sexual. Mesmo que não estejam a fim de paquerá-la, muitos rapazes ficam contentes com a atenção feminina ou pelo menos com a ideia de ter uma pessoa amável por perto.

Claro, tomar a iniciativa de puxar conversa com alguém não é assim tão difícil quando não se está interessada nessa pessoa. Quando estamos interessadas em alguém, porém, pode ser apavorante, a ponto de fazer com que até evitemos falar com essa pessoa! Se você por acaso já se sentiu assim, então deve ter tido uma ideia do que os rapazes têm de encarar. Aqui vão algumas sugestões para ajudá-la a lidar com essa dificuldade:

Treine. Comece a puxar conversa com desconhecidos que não a deixem tão tensa, como mulheres e crianças. Em seguida, pratique com pessoas mais velhas, adolescentes e homens que não despertam seu interesse, e só então tome a iniciativa com os rapazes que gostaria de paquerar. Com o tempo, ficará cada vez mais fácil.

Não hesite. Quando vir uma oportunidade, não a desperdice. Quanto mais o tempo passar, mais você se debaterá com a ideia de aproximar-se daquele rapaz, e isso acabará por deixá-la nervosa. Se gostou da jaqueta de couro que ele está usando, vá lá e diga.

Seja objetiva. Você ficará menos tensa se seu comentário for curto e direto. E, ao ver que você não é nenhuma maluca que se põe a falar sem parar, ele também se sentirá mais à vontade. Você pode dizer: "Gostei dessa camisa", dar um sorriso e voltar a atenção à fila do bufê ou pedir seu cafezinho. É provável que ele assuma o controle e dê continuidade à conversa, nessa mesma ocasião ou quando tornar a ver você.

Seja natural. Tente iniciar uma conversa como se isso fosse a coisa mais natural do mundo, como se fosse algo que você faz todo dia, o tempo todo. Se começar a puxar papo com várias pessoas, com o tempo você deixará seus receios e a ansiedade para trás. É claro que, se ele der sinais de que está a fim, você sempre pode adiantar-se mais um passo.

Enfim, se vier a conversar com um rapaz e ele não se mostrar interessado, ao menos você fez o mais difícil: quebrar o gelo. Se tornar a vê-lo, será bem mais fácil para ele ir puxar papo com você. Nessa ocasião, talvez ele esteja mais motivado ou se sinta mais animado para uma boa conversa. Se ele realmente estiver a fim de paquerá-la, é bem provável que vá convidá-la para sair ou pedir o número do seu telefone. Agora, se ele não fizer o convite nem pedir seu telefone, então você terá de tomar uma decisão: esquecê-lo e seguir adiante, ou dar início à etapa seguinte, tomando uma atitude.

TOMAR UMA ATITUDE

Se o contato inicial foi bem bacana e promissor e ele, embora lhe desse a impressão de estar a fim de você, não deu o passo seguinte, ou seja, nem pediu seu telefone nem a convidou para sair, você pode tomar a iniciativa e lhe dar seu número ou sugerir um novo encontro. Existem mulheres que aconselham nunca fazer isso, e não há como negar que sua percepção e seu sexto sentido são conselheiros mais confiáveis do que um conjunto de normas inflexíveis. No seu caso, faça o que sente que deve fazer, o que achar que é melhor para você. Se tentar e não der em nada, você tem a opção de seguir adiante e procurar outro paquera.

Com o tempo, você vai aprendendo quando é hora de tomar uma atitude e dar o próximo passo, e quando esperar que ele o faça.

Se ele não se mexer é porque já tem namorada, está inseguro quanto ao que sente ou não tem certeza de estar realmente atraído por você. Se tornar a encontrá-lo, você pode se dar ao luxo de esperar para ver se ele tentará uma nova aproximação.

E se você estiver paquerando na internet? Nesse caso, tomar uma atitude é bem simples. Em vez de esperar que algum pretendente lhe mande um e-mail, e muitos deles nem sequer são o tipo de homem que você deseja, escolha alguns rapazes que lhe pareceram interessantes ou despertaram sua atenção e envie uma mensagem para eles. Trate-os pelo nome ou apelido, mencione algo que achou bacana no perfil deles e diga "eu gostaria de saber se por acaso você estaria interessado em aprofundar nosso relacionamento". Conheço uma garota que utiliza somente esse método. Ela, que costuma obter cerca de 70% de respostas positivas, só namora os rapazes que lhe interessam.

Umas poucas advertências

Tomar a iniciativa não é o mesmo que correr atrás. A mulher dá início ao flerte, o homem dá continuidade. Iniciar é dar partida, é dar o sinal verde para que seu paquera faça o relacionamento avançar. Depois que você toma a iniciativa utilizando as táticas descritas anteriormente, ele assume ou não o comando. Se ele não assumir, sua tarefa está cumprida – procure outra pessoa. Por exemplo: se você fizer contato olhos nos olhos com um homem algumas vezes e ele não corresponder ou não demonstrar muito interesse, pare de olhar para ele. Se você puxar papo com um rapaz e ele não se mostrar interessado pela conversa, peça licença e não volte a aproximar-se dele. Se ele demonstrar interesse e você lhe der seu telefone, mas ele não ligar, risque-o da lista.

Nunca insista, nunca corra atrás de um rapaz. Tudo o que você tem a fazer é deixar claro que está interessada nele, assim ele terá como saber que não há problema em paquerá-la. Se ele não perseverar é porque não está a fim de você e, se ele não está a fim, você estará desperdiçando seu tempo ao insistir nesse flerte. LEMBRE-SE: um homem não tem como controlar a atração que sente por alguém, por isso tente não tomar a indiferença dele como uma afronta pessoal.

Tenha em mente também que tomar a iniciativa não é algo de cunho sexual. Tomar a iniciativa é simplesmente entrar em contato com um rapaz e demonstrar que você está aberta às atenções dele e vai recebê-las com satisfação. Aliás, muitas dessas técnicas funcionam muito bem em eventos sociais aos quais você comparece sem pretensões de encontrar um namorado, apenas para fazer novas amizades; como não pretende flertar com alguém, os rapazes não farão uma ideia equivocada acerca das suas intenções.

Só mais um lembrete: como já assinalei, o contato olhos nos olhos e outros indicativos de atração não verbais nem sempre são conscientes. Quando um rapaz dá sinais de interesse, isso não significa necessariamente que ele esteja disponível. Infelizmente, há ocasiões em que homens casados ou comprometidos enviam essa espécie de sinal. O mais provável é que esses indivíduos estejam dispostos a trair suas companheiras ou, talvez estão apenas dando uma espiadela pelo ambiente sem qualquer malícia – nesse último caso, geralmente eles não vão muito além de uma troca de olhares.

Como frequentava a mesma cafeteria anos a fio, Gracie conhecia muitos dos clientes que por lá passavam. Um deles, um rapaz muito simpático, costumava observá-la e até mesmo fitá-la nos olhos, porém nunca se aventurava a ir falar com ela. Um dia, Gracie resolveu puxar conversa com ele. Depois disso, ele passou a desviar do caminho rotineiro só para ir bater papo com ela. Embora parecesse muito interessado nela, em uma dessas conversas ele mencionou a esposa. Mesmo surpresa por saber que ele era casado, Gracie nada disse, mas, a partir daquele dia, tirou-o dos seus pensamentos.

Se você não o conhece muito bem, é melhor precaver-se. Embora haja indivíduos comprometidos que dão em cima de outras mulheres abertamente, a maioria envia sinais e fica à espera de que elas se aproximem. Um sujeito comprometido que flerta com outras mulheres é sinônimo de encrenca. O que esse tipo de homem faz é muito diferente de dar uma espiadela discreta em uma garota sem segundas intenções. Se você iniciar uma paquera com um homem que está lhe enviando sinais e vier a descobrir que ele é casado, afaste-se.

A palavra final

Embora tomar a iniciativa seja extremamente importante, a maioria das garotas resiste a essa ideia ou se sente intimidada na hora de colocá-la em prática. As mulheres receiam aproximar-se de um homem e abordá-lo – aqui vão alguns desses receios e motivos pelos quais você não deve permitir que eles a deixem paralisada:

Receio: Se eu tomar a iniciativa com um rapaz, ele vai pensar que sou muito atirada ou estou desesperada.
Verdade: Correr atrás ou dar em cima dele é ser atirada. Tomar a iniciativa apenas indica interesse ou receptividade e demonstra autoconfiança, não desespero. Ele vai se sentir lisonjeado, ou até mesmo aliviado.

Receio: Se eu tomar a iniciativa, não saberei se ele está realmente interessado.
Verdade: Os sinais de atração e interesse (listados previamente neste capítulo) são os mesmos para ambos os sexos, quer a iniciativa seja sua, quer seja dele. O fato de você sorrir para um rapaz ou cumprimentá-lo dará a ele a oportunidade de demonstrar interesse se ele ainda não o tiver feito.

Receio: Se eu convidá-lo para sair, esse rapaz vai pensar que estou correndo atrás dele.
Verdade: Ainda que telefonar para um rapaz ou convidá-lo para sair sejam formas bem corajosas de tomar a iniciativa, não se pode considerá-las "correr atrás dele" se você fizer isso uma única vez. Além do quê, a maioria dos rapazes não faz nenhuma objeção a receber um convite para sair.

Receio: Não quero me sentir obrigada a sair com os rapazes com quem tomei a iniciativa de flertar.
Verdade: Tomar a iniciativa é apenas fazer contato e criar uma oportunidade. Nem você nem ele têm qualquer obrigação de aproveitar a ocasião. Às vezes, só conversar já é um bom passatempo. Aliás, você vai descobrir que o evento "só um bate-papo" acontece com muita frequência.

Receio: E se eu tomar a iniciativa e ele tiver namorada ou não estiver interessado em mim?
Verdade: Você estará apenas fazendo contato com ele. E, mesmo que ele seja comprometido ou não esteja interessado, sua autoestima vai fortalecer-se por você ter tentado. Além do mais, estará criada uma ponte para o futuro no caso de o relacionamento dele não dar certo ou ele vir a interessar-se por você. E é preciso lembrar que muitos rapazes, sobretudo os mais tímidos e reservados, não costumam demonstrar interesse logo no primeiro contato.

Receio: Tenho medo de tomar a iniciativa e ele me dar um fora ou me tratar mal.
Verdade: Se você seguir todos os conselhos deste capítulo, isso dificilmente acontecerá. Mesmo que não esteja interessado, ele, apesar de lisonjeado pelo seu interesse, provavelmente será gentil e bem-educado. Entretanto, se for grosseiro ou tratá-la mal, tenha em mente que isso é uma falha grave do comportamento dele e não tem nada a ver com você. E, se você teme esse tipo de coisa, então agora deve estar entendendo o receio que os solteiros têm de abordar uma mulher.

Como você pôde constatar, é por puro receio que a maioria das mulheres não toma a iniciativa. E é por temer fazer contato com o sexo oposto que elas partem do pressuposto de que é mais fácil passar o problema adiante e esperar que os homens se encarreguem dessa tarefa. Lembra-se da garota que mencionei no início deste capítulo, a moça que me enviou um e-mail dizendo que meu paquera da academia de ginástica não tinha coragem de vir falar comigo? Então quer dizer que é natural eu ter receio e ele, não?

Ninguém pode impedi-la de recear tomar a iniciativa com um homem, mas saiba que, ao agir assim, você estará perdendo um bocado de oportunidades. Pense bem: você não gostaria de fazer um esforçozinho e ter maiores prerrogativas quanto à escolha da pessoa que vai namorar? Afinal, é assim que a natureza gostaria que acontecesse.

Em resumo, tomar a iniciativa da paquera é uma forma extremamente eficiente de tornar sua vida sentimental mais divertida e proveitosa. Você dá as cartas, escolhe os paqueras que deseja e aumenta enormemente as chances de namorar quem quer, em vez de ficar esperando que eles a abordem. Claro, tomar a iniciativa envolve riscos, mas mais cedo ou mais tarde você vai descobrir que ter sucesso em qualquer esfera da vida exige que nos aventuremos. Vá em frente e tome a iniciativa – você ficará muito satisfeita com os resultados.

ERRO Nº 8

Você ignora os alertas vermelhos

> *"Muitas pessoas ignoram o alerta amarelo porque respeitá-lo exigiria delas uma atitude contrária aos seus interesses".*
> Jack Canfield, *Os princípios do sucesso*

Um dos aspectos mais irritantes do namoro é que as pessoas tratam de desempenhar seu melhor papel logo no primeiro contato e, quando descobrimos no que realmente nos metemos, já é tarde demais. Você sabe do que estou falando – aquele homem que à primeira vista é um amor e simpático à beça, a ponto de fazer suas pernas bambear por ele, mas que, quando você já está perdidamente apaixonada, revela-se um perfeito panaca. Não seria uma maravilha ser capaz de identificar tipos assim só de bater os olhos neles?

O problema é que, para cada problema que você teve com um namorado, quase sempre havia algum sinal indicando, desde o princípio, que aquele homem NÃO valia a pena. Esses sinais logo no início do flerte são conhecidos como alertas vermelhos. Há quem diga que três encontros bastam para que você descubra tudo o que precisa saber a respeito de um rapaz. Às vezes, porém, você descobre até antes. Se deseja um cara bacana, desses que realmente valem a pena, não desperdice tempo e energia com indivíduos que muito provavelmente não vão lhe dar o que você está procurando. O truque é aprender a identificar os indícios de que determinado rapaz não merece sua atenção – e sair em busca de outro que a mereça.

Neste capítulo, você vai aprender a identificar os dez alertas vermelhos mais importantes da paquera e como detectá-los. Embora haja vários tipos de homens a evitar, este capítulo vai se concentrar nos alertas vermelhos que as mulheres mais comumente deixam escapar ao conhecer um possível namorado. Não é difícil reconhecer a maioria desses alertas nos três primeiros encontros, ou até antes.

Alerta vermelho nº 1: Ele não está muito interessado

Este é o primeiro alerta vermelho por se tratar do mais comum e também por deixar as mulheres bastante confusas. Contudo, felizmente, umas poucas diretrizes vão ajudá-la a identificar esse alerta sem maiores dificuldades.

Por que uma mulher haveria de perder seu tempo com alguém que não está se mostrando interessado nela? Por vários motivos. Primeiro, algumas garotas agem assim por inexperiência; com o tempo, detectar atração e interesse (e a falta deles) vai se tornando menos complicado. Segundo, é muito mais fácil perceber a falta de interesse de um rapaz quando não é com você! E, por fim, muitas garotas nem sempre notam esse alerta porque alguns rapazes emitem mensagens confusas, enviando ao mesmo tempo sinais tanto de interesse como de desinteresse.

Então, para começar, vamos examinar os sinais básicos de que ele não está interessado em namorá-la.

Ele não telefona

Pedir o número do seu telefone e depois não ligar é provavelmente uma das atitudes mais desconcertantes que um paquera pode tomar. Há duas circunstâncias em que ele telefona: ou está interessado em você ou acredita que você esteja interessada nele. Ainda que a primeira hipótese seja fundamental, não menospreze a importância da segunda. E ainda que possa haver uma série de motivos pelos quais eles não queiram fazer a paquera avançar dando um simples telefonema, esses motivos costumam se encaixar em três categorias:

Por brincadeira. Há rapazes que veem o fato de conseguir o número do seu telefone como um desafio a ser vencido, ou então querem provar aos amigos (e a eles próprios) que sabem se divertir. Normalmente, são indivíduos muito jovens e imaturos, e é comum encontrá-los em bares e clubes. Em regra, não levam o namoro a sério.

Falta de interesse. Embora se sintam atraídos por você em um primeiro momento, esses rapazes, após pensarem melhor, mudam de ideia. É preciso um período de tempo para que o interesse de uma pessoa por outra floresça plenamente e ela se sinta segura de seus sentimentos para telefonar; certas circunstâncias, porém, não permitem que esse tempo transcorra. É por isso que um número de telefone dado em um barzinho ou em um supermercado (lugares onde não há tempo para mais do que uma simples troca de palavras) nem sempre resulta em um telefonema. É mais provável que ele ligue se tiver conhecido você no trabalho, na escola ou por intermédio de amigos – circunstâncias nas quais vocês tiveram tempo para conversar com calma, interagir e ter certeza de que a atração era real e recíproca. Também é possível que ele não tenha telefonado porque conheceu outra pessoa.

Dúvidas quanto ao seu interesse. Embora eles presumam haver interesse de sua parte quando você lhes dá seu número, muitos não telefonam até ter certeza de que é isso o que você quer. Como todas nós, os homens têm mais interesse em quem se mostra interessada neles. LEMBRE-SE: para cada homem que pegou seu número e não ligou há uma garota que deu o número dela, depois viu o número de quem estava ligando na tela do telefone e não ligou de volta.

ELE INTERROMPE A PAQUERA

Se não telefona no espaço de três dias após o encontro, ele não estava a fim de você naquele momento. Pense bem: se gosta de um rapaz e da companhia dele, você simplesmente não esquece que ele existe – vai tratar de fazer com que a paquera se transforme em namoro, programando o próximo encontro antes que ele perca o interesse ou conheça outra pessoa. Pois ele também deveria fazer planos para vê-la novamente. Um homem interessado em namorá-la vai convidá-la para um novo encontro quando vocês se despedirem ou telefonar dentro de uns dois dias e chamá-la para sair. Por último, ele não está a fim de você se cancelar um encontro, seja por que motivo for, sem marcar outro na mesma ocasião.

Não desperdice seu tempo com rapazes que não dão sinais de estar interessados de verdade em você. Se estiver a fim de um homem e perceber qualquer um dos alertas anteriores — e você vai perceber se estiver namorando — o melhor a fazer é tirá-lo da cabeça e seguir em frente. Não invente justificativas ou desculpas para a atitude dele (por exemplo, ele está muito atarefado ou sob pressão no trabalho). O homem por quem você está procurando vai desvencilhar-se desses problemas e esforçar-se para que o relacionamento dê certo.

Os alertas anteriores são indicadores cristalinos de que ele não está a fim desse namoro. No entanto, e se as circunstâncias não forem tão óbvias? Sabe aquelas ocasiões em que um rapaz se mostra atraído por você a ponto de fazê-la alimentar expectativas, porém a deixa insegura quanto a ter interpretado corretamente as intenções dele? Examine as situações a seguir:

- Melinda conheceu Rory em uma cafeteria, onde reparou que ele parecia muito interessado nela, porém lhe disse que estava muito atribulada estudando para os exames da Ordem dos Advogados. Os dois trocaram os números de seus telefones, e Rory sugeriu que voltassem a se encontrar após ela ter prestado os exames. Um mês depois, imaginando que Rory não fosse lembrar-se dela, Melinda ligou para ele. Apesar de terem tido um bate-papo muito agradável pelo telefone nessa ocasião, Rory não voltou a procurá-la.
- Caroline e Jay conheceram-se na festa de um amigo em comum e passaram um bom tempo conversando naquela noite. Jay então mandou um e-mail para ela, convidando-a para ir ao cinema. Após o filme, os dois voltaram a bater um papo longo e agradável. Depois dessa noite, passaram-se duas semanas sem que Caroline tivesse notícias dele, mas então Jay tornou a telefonar, convidando-a para sair novamente.
- Maria conheceu Joey em um barzinho e, após quatro meses de namoro, ambos se veem uma vez por semana. No Natal, Joey foi visitar a família dele, e os dois não trocaram presentes.

Todos esses casos hipotéticos apresentam indícios de interesse e desinteresse. Cada um deles, porém, contém elementos suficientes para que as garotas saibam que atitude tomar independentemente dos confusos sinais enviados pelos rapazes.

Aqui vão alguns exemplos de sinais ambíguos e como lidar com eles:

Ele telefona, mas não com frequência. Telefonar é sinal de interesse; telefonar de vez em quando, não. Mal você resolve desistir de um rapaz, ele liga. Se ele não telefonar com regularidade, desista e siga adiante.

Ele diz que vai telefonar, mas não telefona. Não dar continuidade à paquera é sinal de pouco interesse, isso para não dizer sinal de arrogância – ou mesmo de maluquice. Isso continua valendo ainda que, no final das contas, ele acabe telefonando.

Ele envia e-mails ou mensagens pelo celular. E-mail é válido em um primeiro momento, mas depois que vocês começam a sair juntos, e-mails e "torpedos" deveriam ser modos *suplementares* de manter contato, e não a principal forma de comunicação.

Os encontros são raros. Embora não seja de todo mau ir devagar no início do relacionamento, o namoro deve ganhar ritmo e deslanchar se vocês estão realmente a fim um do outro. Após uma série de encontros, um homem que a leva para sair uma vez por semana (ou até menos do que isso) não está demonstrando muito interesse por você. E não importa se ele está atolado de trabalho ou tem qualquer outra obrigação.

Ele ainda sai com outras garotas. Dando ou não sinais de interesse, se ele continua se encontrando com outras garotas após vocês dois terem saído juntos várias vezes, então é porque não está muito a fim de você.

O relacionamento é basicamente sexual. Ainda que você veja um homem regularmente e ele lhe telefone com frequência, se vocês passam a maior parte do tempo na cama em vez de sair ou conhecer melhor um ao outro, então é bem provável que o principal interesse dele seja sexo – se for isso o que você quer, aproveite. Contudo, não esqueça: se só quer saber de transar com você, ele não quer nada além de sexo.

Ele coloca os amigos em primeiro lugar. Mesmo que um rapaz tenha namorada, é natural que passe boa parte do tempo na companhia dos amigos. Agora, um homem que prefere os amigos a você não está assim tão interessado em namorá-la. Isso vale também no caso de ele não apresentá-la aos amigos.

Agora que você já leu as explicações anteriores, vamos voltar às garotas dos três casos hipotéticos – o que elas deveriam fazer?

Embora demonstrasse interesse dando o número de seu telefone e conversando com Melinda quando ela ligou, Rory não deu prosseguimento à paquera telefonando para ela ou convidando-a para sair. Ele não está muito interessado nesse relacionamento, por isso Melinda deveria deixá-lo de lado e seguir adiante.

Ainda que demonstrasse estar a fim de Caroline ao convidá-la para sair novamente, Jay não deveria ter esperado tanto tempo para telefonar. É provável que ele não esteja muito interessado, ou então pode estar saindo com outras garotas. Caroline, se quisesse, poderia vê-lo novamente. Todavia, se Jay não pegar o ritmo e começar a corresponder às expectativas dela, Caroline deveria deixá-lo de lado e seguir adiante.

Embora Joey veja Maria uma vez por semana e os dois estejam namorando há quatro meses, o relacionamento não deslanchou e ele não a presenteou no Natal. Joey não está levando o namoro a sério. Se quiser um relacionamento que valha a pena, Maria precisa deixá-lo de lado e seguir adiante.

Resumindo, não dê atenção a rapazes que não demonstram estar verdadeiramente interessados em você. Agora, se não se importa de ter um relacionamento informal, no qual vocês saem com outras pessoas ou não se falam com muita frequência, divirta-se. Paquerar é buscar encontrar o que você deseja, seja qual for esse desejo; mas se você quer algo mais que um namorico sem maiores consequências e se encontra em um relacionamento repleto de sinais confusos e ambíguos, saia dessa e vá atrás do que almeja. Muitas mulheres não identificam esse alerta vermelho e jogam seu tempo fora.

Por fim, tenha cuidado com aquele homem que, ao vê-la prestes a romper o relacionamento, de um momento para o outro resolve mostrar-se imensamente interessado em você. Já vi rapazes tentarem convencer uma garota de que gostavam dela sem tê-la procurado ou lhe dado um telefonema. Já vi rapazes ignorarem uma garota e depois ficarem com ciúme ao vê-la namorando outra pessoa. Tipos assim normalmente não passam de uns babacas que querem enrolá-la com conversa fiada. Seja como for, cabe a você decidir se vai ou não dar outra chance a ele e ver se esse cara se emenda.

Por que um rapaz haveria de querer ficar com uma garota se não está com intenções de levar o namoro adiante? Porque acha que ganha alguma coisa ao mantê-la junto de si e, como a garota não se opõe, presume que ela esteja de acordo com suas pretensões. É como reza o ditado: quando um não quer, dois não brigam.

O conselho que fica é: não desperdice seu tempo com quem não está tão atraído ou interessado quanto você. Em vez disso, volte o foco para os rapazes que realmente demonstram um interesse genuíno em você e no relacionamento.

Como age um homem verdadeiramente interessado?

Ele telefona. Se está de fato a fim de você, ele liga — e liga com frequência. Esse é um dos sinais mais evidentes do interesse masculino. Se você lhe der o número do seu telefone, ele vai ligar. Se levá-la para sair, ele vai ligar no prazo de uns dois dias após esse encontro. Depois que vocês tiverem saído juntos algumas vezes, ele passará a ligar regularmente. Há quem diga que um homem que nos telefona todos os dias está apaixonado; por experiência própria, posso dizer que isso é verdade.

Ele quer vê-la. Um rapaz interessado para valer quer se encontrar com você. Ele a leva para sair e depois combina o próximo encontro ou telefona sem demora para fazer novos planos. Ele abre espaço para você na agenda de compromissos e geralmente prefere a sua companhia à dos amigos.

Ele não quer saber de outras mulheres. Após conhecê-la, um paquera realmente interessado em namorá-la não vai procurar a companhia de outras garotas.

Ele não a deixa de fora. Se gosta mesmo de você, seu namorado vai apresentá-la à família e aos amigos dele, tomando o cuidado de incluí-la nos eventos de que todos participam. É comum que essas pessoas deem indícios de que ele já falou de você para elas – por exemplo: "Até que enfim nos conhecemos".

Se quiser algo mais sério com seu paquera ou seu namorado, procure por esses sinais. Saiba identificá-los, assegure-se de que são verdadeiros e não se satisfaça com menos. Você não só terá mais alegrias ao paquerar e namorar como também estará investindo seu tempo e sua energia em um relacionamento com grande potencial para dar certo.

Um lembrete: como vimos no capítulo dedicado ao Erro nº 3, a falta de interesse de um rapaz, apesar de extremamente frustrante, deve-se a uma série de fatores que ele (e você) não tem como controlar. Pode ser resultado da ausência das letras "C" e "Q", ou talvez o momento não fosse oportuno. Ao perceber um ou mais alertas, você deveria pensar: "Não é isso o que eu quero", em vez de: "O problema está em mim". Por fim, um rapaz ou é o cara certo para você ou não é.

Alerta vermelho nº 2: Química insuficiente

No capítulo dedicado ao Erro nº 2, discutimos a química entre duas pessoas e sua influência no surgimento da atração e do interesse. Às vezes, você conhece um homem com todos os atributos que está buscando em um namorado e tem a impressão de gostar dele de verdade, mesmo assim não sente a "faísca" quando ambos estão juntos. Aqui vão alguns sinais de que não há química entre você e esse rapaz:

- Embora goste dele, você não fica ansiosa para vê-lo ou não sente um frio na barriga quando ele está por perto.
- Você não faz questão de estar com uma aparência impecável na presença dele.
- Você não está ansiosa para ir para a cama com ele ou se sente desconfortável ao imaginar-se fazendo amor com ele.
- Você não fica ansiosa para falar ou sair com ele.

- Você ainda flerta com outros rapazes.
- Você se pega profundamente irritada com ele.
- Embora se trate de um cara muito bacana, você precisa ficar se convencendo de que ele vale a pena.

A sensação de que há química entre vocês dois pode ser instantânea ou levar algum tempinho para manifestar-se. Ainda assim, é preciso que você sinta aquele "estalo" nos primeiros dois ou três encontros, ou então seu interesse por ele não é dos mais fortes. E, se vocês continuarem a se ver, o relacionamento irá perdendo o fôlego até lhe provocar a sensação de estar namorando um grande amigo. Embora por si só não sustente um namoro, a química é um elemento indispensável ao bom desenvolvimento de qualquer relação pessoal. E, por mais que valha a pena dar uma chance a um rapaz de bom caráter e ótimas qualidades, não desperdice seu tempo com um namoro em que não há química entre vocês dois.

Alerta vermelho nº 3: Pouca compatibilidade

Também já vimos a importância da compatibilidade e como ela influi na atração que você sente por um rapaz. Compatibilidade é quando ele possui as características e atributos que você está procurando. Não é algo que cause o mesmo impacto que a química, mesmo assim é igualmente imprescindível. Um relacionamento com muita química e pouca compatibilidade vai desmoronando até chegar ao fim.

Embora seja difícil avaliar o grau de compatibilidade entre você e ele logo no início do namoro, há certos tipos de incompatibilidade que saltam aos olhos. Aqui vão alguns aspectos a serem levados em conta quando se conhece um rapaz:

Estilo de vida, interesses e passatempos. Preste atenção a detalhes que digam respeito aos hábitos de fumar e beber, gostos gastronômicos, práticas esportivas – são compatíveis com o que você quer? Como ele costuma passar o tempo livre? Se aprecia viajar, que lugares ele costuma visitar? É louco por esportes ou tem um gosto mais refinado, preferindo as artes? Está empenhado em fazer carreira ou vê o trabalho apenas como uma forma de sustento? Se você aprecia ir a festas ou frequentar lugares públicos, é bem provável que prefira evitar um homem que goste de ficar em casa lendo. Se é do tipo que gosta de sair, você certamente deve querer que ele também seja. Se aprecia atividades culturais como teatros e exposições, deve esperar que ele também aprecie. Não é preciso que vocês tenham as mesmas predileções, porém é melhor evitar quem tem gostos e interesses diametralmente opostos aos seus.

Valores. Ao examinar o perfil de um rapaz na internet ou conversar com ele em uma sala de bate-papo on-line, supomos que o que ele escreveu ou disse é um reflexo do seu modo de pensar e das coisas que valoriza. Ele fala de assuntos relativos à família? De paixão por montanhismo? De questões relacionadas à religião? De situações que envolvem carreira ou profissão? Decerto você quer um namorado com valores semelhantes aos seus.

Personalidade. Todos somos diferentes uns dos outros, e cada um de nós combina com certo tipo de personalidade. Leve em consideração aspectos como: ele é sério ou brincalhão, extrovertido ou tímido, tem espírito de comando ou não etc. Você precisa de um homem cuja personalidade se harmonize, e não se indisponha, com a sua.

Paternidade. Há mulheres que preferem namorar homens sem filhos, ao passo que há outras que não se importam com isso. Algumas preferem indivíduos que sejam pais, sobretudo se elas próprias tiverem filhos. Uma mãe solteira é capaz de entender as dificuldades pelas quais um pai solteiro passa e vice-versa.

Filhos. Não dá para perguntar logo de cara se ele quer ou não ter filhos, mas geralmente esse é um assunto que cedo ou tarde acaba vindo à baila. Se estiver paquerando na internet, preste atenção a este critério: não namore quem não quer o mesmo que você em relação a essa questão essencial para um casal.

O tipo de relacionamento que ele quer. As pessoas namoram por vários motivos – há quem procure apenas sexo, há quem busque um relacionamento informal, há quem queira casar-se. Apesar de esse tipo de incompatibilidade ser muito comum, as pessoas costumam ignorá-la quando paqueram. Como os rapazes comumente dão dicas a respeito de suas intenções ao conhecê-la, fique atenta; não namore quem não quer o mesmo que você na esperança de que ele vá mudar de ideia.

É fundamental saber quais características você julga imprescindíveis em um homem e quais não considera tão importantes assim – reveja este tópico no capítulo dedicado ao Erro nº 4. Independentemente de ele ser bastante simpático ou de a química entre vocês ser muito forte, não faça concessões quanto à compatibilidade. Ele pode até ser um cara muito bacana, mas não é o par ideal para você.

Alerta vermelho nº 4: Ele quer só sexo

Como afirmei anteriormente, as pessoas namoram por vários motivos, por isso é muito importante namorar alguém que deseja o mesmo tipo de relacionamento que você deseja. Geralmente não é muito difícil perceber, após alguns encontros, quando um homem está interessado fundamentalmente em transar.

Não há nada de errado em só querer sexo. O problema é quando um rapaz só quer saber disso e você acha que ele quer mais desse relacionamento. E como a maioria dos homens não deixa isso claro logo de cara, você precisa aprender a ler nas entrelinhas.

Aqui vão alguns sinais de que ele só quer levá-la para a cama:

Ele faz comentários de conotação sexual. Quase todo mundo gosta de sexo, mas um homem que não quer somente isso de um relacionamento não fala do assunto o tempo todo nem faz insinuações de cunho sexual no início da paquera ou do namoro, pois sabe que estará correndo o risco de ofendê-la ou de levar um fora. Logo, evite quem se põe a falar de sexo ao acabar de conhecê-la. Agora, se é você quem toca no assunto, é provável que ele entenda isso como um sinal verde para falar o que bem entender ou até tentar avançar o sinal.

Ele tenta certas liberdades no primeiro encontro. Rapazes que tentam qualquer outra intimidade além de beijos em um primeiro encontro estão buscando basicamente sexo. Reiterando: por mais que deseje algum tipo de intimidade, um indivíduo não tenta ultrapassar certos limites se estiver realmente interessado em conhecê-la melhor.

Ele quer ir à sua casa, ou à dele, logo após conhecê-la. É impossível fazer amor em restaurantes, cafeterias, bares ou outros lugares aonde um casal vai para namorar. Assim, se você acabou de conhecê-lo e seu paquera quer ir à sua casa ou à dele é porque ele está pensando em transar. Evite sua casa ou a dele até ter certeza de que não é apenas isso o que ele quer.

Ele a pressiona. Nunca confie em um homem que pressiona você a fazer sexo com ele. Um cara bacana e bem-intencionado sabe respeitar seus limites e recuar quando você diz não.

Ele some. Independentemente de você ter aceitado ou não as investidas dele, um indivíduo que tentou levá-la para a cama e depois desaparece só queria saber disso. Um rapaz que quisesse conhecê-la melhor nunca deixaria de procurá-la só porque você se recusou a fazer amor com ele.

Ele liga com segundas intenções. Quando um rapaz telefona tarde da noite e diz que quer vê-la, não se trata de um simples encontro ou de um sinal de que ele está a fim de você; trata-se de um telefonema com segundas intenções. Um homem que quer mais do que sexo vai levá-la para sair.

Você o conheceu em um bar. É possível conhecer pessoas bacanas em bares, e todos nós sabemos de casais felizes que se viram pela primeira vez em um barzinho. O problema é que muitas pessoas, sobretudo no universo masculino, associam bares a bebedeiras e sexo casual. Há quem frequente bares com esse objetivo em mente, e vários garçons confirmariam o que estou dizendo. Se você conhecer um cara interessante em um bar, certifique-se de que ele não vai se transformar em um sapo no dia seguinte.

Ao se sentir atraído por você, ele vai querer levá-la para a cama, ponto final. Agora, se estiver querendo algo mais além de sexo, ele vai esperar e despender o tempo que for preciso para conhecê-la melhor. Homens que só querem saber de sexo são impacientes – e tomam chá de sumiço quando não conseguem o que querem.

Alerta vermelho nº 5:
Ele não está pronto para um relacionamento

Se estiver em busca de um relacionamento sério e, mais ainda, se estiver querendo casar-se, você certamente vai querer evitar rapazes cujos objetivos são diferentes dos seus. Fique atenta aos seguintes sinais:

Ele é muito jovem. Embora rapazes entre 18 e 24 anos sejam perfeitamente capazes de assumir um relacionamento sério, é muito pouco provável que um homem nessa faixa etária esteja a fim de um compromisso para valer; o mais comum é que acabe traindo a namorada ou tomando outras atitudes igualmente reprováveis. Nos Estados Unidos, um indivíduo comum não se casa antes dos 27 anos; e quanto maior a escolaridade, mais tarde ele se casa. Vários entrevistados me contaram que, aos 20 e poucos anos, até chegaram a pensar em casar-se com a garota que estavam namorando, no entanto não se sentiam prontos para dar esse passo.

Ele precisa se encontrar. Um homem que não sabe o que quer da vida, parece não ter metas nem rumo ou se sente insatisfeito com tudo não está preparado para um compromisso sério. Por estar infeliz consigo, ele não tem como ser um bom companheiro.

Ele acabou de sair de um relacionamento. Cuidado com um homem recém-saído de um compromisso ou de um casamento. Ele vai correr atrás de você feito maluco e jurar que está preparado para um novo relacionamento, e depois passar o tempo inteiro se queixando da ex ou oferecendo algo que não tem como entregar, em um jogo de tentar seduzi-la para em seguida rejeitá-la. Deixe-o ficar sozinho por algum tempo, até que ele esteja realmente recuperado do revés.

Ele só teve relacionamentos breves. Quase sempre há um ou vários motivos pelos quais um indivíduo não é capaz de manter um relacionamento sólido por um bom espaço de tempo. Quanto mais maduro ele for, mais essa tese se confirma.

Ele fala mal do casamento. Um rapaz que afirma não estar preparado para o casamento ou diz que "quem sabe um dia eu vá querer casar" não oferece perspectivas muito promissoras se uma união de papel passado é o que você deseja. Idem para aquele que alega que o casamento é superestimado ou reclama de que as ex-namoradas viviam a pressioná-lo para que se casassem. Uns serão mais explícitos, outros vão usar indiretas, mas quando um homem fala mal do casamento, leve-o a sério.

Em resumo, evite investir em indivíduos que não parecem em condições de lhe dar o tipo de relacionamento que você está buscando, independentemente da idade ou da posição social deles.

Alerta vermelho nº 6: Ele é um babaca

Você já conheceu um cara bem legal, de quem gostou bastante, e, ao conhecê-lo melhor, veio a descobrir que se tratava de um tremendo babaca? Uma experiência nada engraçada, não é mesmo? Um babaca até pode fingir-se de bacana por um tempinho, mas se você prestar bem atenção, vai perceber os sinais de babaquice antes mesmo que ele os revele. E geralmente bem mais depressa do que está imaginando.

Aqui vão alguns sinais de que o sujeito é um babaca:

Ele critica todo mundo. Vez ou outra, todos tecemos comentários negativos acerca de alguém, mas isso é algo que fazemos entre amigos ou pessoas da nossa confiança. Quando um rapaz se põe a criticar os outros assim que a conhece ou logo nos primeiros encontros, isso é um mau sinal. Namorei brevemente um sujeito que desatou a xingar os subalternos de preguiçosos e o chefe de traiçoeiro – e era a segunda vez que nos víamos. Como seria de esperar, alguns encontros depois ele se revelou um verdadeiro babaca. Tenha cuidado também com um indivíduo que fala mal da ex; independentemente do que essa mulher possa ter feito, a maneira como ele fala dela é uma amostra da forma como vai tratar você. Um homem pode ter mágoa da ex e censurar o comportamento dela sem ofendê-la ou humilhá-la.

Ele não respeita seus compromissos. Um homem de caráter respeita o tempo dos outros, aparecendo na hora marcada, ligando no horário combinado, cumprindo prazos, observando datas; se não tem como honrar um compromisso, ele dá um jeito de avisar. Veja este exemplo: Lilly conheceu John na internet, e ele a convidou para jantar. Como iam ambos passar o fim de semana em outra cidade, ficaram de conversar novamente na terça-feira seguinte, quando então escolheriam um restaurante aonde ir. De volta à cidade, Lilly viu a terça-feira chegar... e nada de notícias de John; preocupada, mandou um e-mail para ele. John respondeu na quarta-feira com um pedido de desculpa; dizendo que tinha tido um contratempo, acrescentou que, para ele, o jantar que haviam combinado não era um compromisso, pois nenhum dos dois o confirmara.

Marcar um dia para sair com alguém é um compromisso – não importa se os demais detalhes do encontro tenham sido combinados ou não. Se tivesse ao menos enviado um e-mail para Lilly explicando o que tinha se passado, John seria apenas um cara pouco interessado em sair com ela, e não um perfeito babaca. Não dê confiança a quem não honra compromissos, seja um simples telefonema ou um encontro previamente agendado. Ignorar o combinado, além de falta de respeito e de educação, é sinal de imaturidade.

Ele é grosseiro com as pessoas. Você conhece o velho ditado: se quiser saber como um homem vai tratar você, preste atenção a como ele trata os demais. Fique atenta sobretudo à forma como ele trata as pessoas que o atendem, como garçonetes e balconistas.

Ele é grosseiro com você. Se um paquera a tratar com estupidez, não se esquive – FUJA dele. Esse não é apenas um sinal de profunda insegurança, mas também uma pequena amostra do que ainda está por vir. É óbvio que críticas pessoais e comportamento colérico são inaceitáveis, porém esteja atenta a grosserias mais sutis, como piadinhas a respeito das suas atitudes ou da sua aparência. Se estiver em dúvida quanto ao fato de as brincadeiras dele serem rudes ou não, confie nas suas sensações – você riu? Ficou ofendida? Magoada? Confusa? O humor é uma arma que os homens inseguros usam para se sentir mais poderosos.

Ele não é atencioso. Cavalheirismo e boas maneiras não são mais tão comuns como eram antigamente. E a falta de cavalheirismo não significa necessariamente que ele seja um babaca. Apesar de alguns homens, sobretudo os mais jovens, não serem lá muito educados, maus modos ou negar-se a uma gentileza em resposta a um pedido seu são péssimos sinais. Ele tem a obrigação de ir apanhá-la nos primeiros encontros, abrir portas e acompanhá-la até seu carro ou até sua casa para certificar-se de que você chegou bem. Se você vai a casa dele, ele deve fazer o possível para deixá-la à vontade. Se vocês encontram por acaso com amigos dele, ele deve apresentá-la aos outros rapazes. Cavalheirismo não é tratar uma mulher como se ela fosse uma coitadinha; é uma forma de o homem demonstrar que é generoso e pensa nos demais, não só em si mesmo.

A paquera e o namoro são períodos em que as pessoas deveriam dar o melhor de si – se um homem já está exibindo algum dos comportamentos anteriores, é bom nem saber o que ele faria quando o relacionamento já estivesse consolidado. Há especialistas em aconselhamento sentimental que sugerem dar três oportunidades ao seu paquera – se ele falhar nas três, fora. Discordo. A julgar pela minha experiência, um sujeito que tem uma atitude babaca nos primeiros encontros nunca vai se revelar um cara bacana. Por isso, os babacas não merecem uma segunda chance. Tire-o da cabeça e vá em busca de um rapaz que a mereça.

Desilusão e ardis

Outro tipo de comportamento reprovável digno de ser mencionado é iludir alguém. Iludir é mentir ou faltar com a verdade em uma circunstância em que o correto seria revelá-la. Aqui vão dois exemplos em que a atitude dele cria uma ilusão:

Tina conheceu Jeff em um site de namoro. Em seu perfil, Jeff afirmou ser divorciado. Os dois combinaram um jantar, entenderam-se às mil maravilhas, e ele a convidou para sair novamente. No segundo encontro, Jeff confessou não ser legalmente separado, pois o processo de divórcio ainda estava em andamento.

Corinne conheceu Joshua em uma conferência, onde conversaram bastante e descobriram ter muito em comum. Como moravam cada um em um estado, Joshua, que gostara muito de Corinne, começou a corresponder-se com ela por e-mails e, em uma dessas mensagens, sugeriu-lhe participar de outra conferência com ele, pois assim poderiam sair juntos novamente. Ao pesquisar o nome de Joshua no Google, Corinne descobriu que ele tinha esposa e filhos.

Tanto Jeff como Joshua iludiram as garotas com quem se relacionavam. Embora houvesse a opção "separado" no site de namoro, Jeff preferiu assinalar "divorciado" por saber que o número de mulheres dispostas a namorar um separado seria menor. Há um bom motivo para isso – como apontei em meu livro *Namorando um divorciado*, os separados estão no grupo de risco.

Joshua também foi ardiloso: evitou mencionar a família porque tinha certeza de que Corinne, ao saber que ele era casado, iria mandá-lo plantar batatas.

Infelizmente, o que não falta são homens que iludem as mulheres. Alguns agem assim por acreditar que essa é a única maneira de conseguir o que querem e, também, porque estão mais preocupados com seus interesses do que com as consequências da decepção que podem causar. Esse tipo de indivíduo esconde a verdade na expectativa de que a garota se apaixone ou vá para a cama com ele antes de descobrir que foi enganada. Cientistas sociais chamam essa conduta de "fenômeno do pé-na-porta": ao estabelecer uma relação amorosa através de uma mentira, o homem "mete o pé na porta", pois é bem provável que a mulher, se estiver apaixonada por ele, não desista do relacionamento mesmo depois de a verdade vir à tona. O problema é que iludir alguém é uma forma de manipulação e um sinal de desonestidade.

A paquera on-line é um campo fértil para essa espécie de ardil. Há indivíduos que exageram a altura ou o salário ou postam fotos de quando eram mais jovens ou mais magros; são pessoas que não se sentem bem consigo. Apesar de profundamente irritantes, essas tramoias são bem menos danosas do que as dos exemplos anteriores; além do quê, a mentira fica evidente logo no primeiro encontro, o que dá à mulher iludida a opção de escolher como lidar com a situação, ou seja, aceitá-lo como ele é ou lhe dar o fora.

O paquera deve sempre dizer a verdade? Quanto maior for a influência que a realidade exerce sobre a decisão de uma garota de namorá-lo, mais honesto o homem deve ser e mais prontamente deve expor a verdade. Por exemplo: indivíduos casados ou comprometidos têm de revelar sua situação logo de cara; os que estão se separando legalmente têm de mencionar o processo de divórcio no primeiro ou segundo encontro, além de serem absolutamente honestos ao preencher seus perfis em sites de namoro.

Em minhas pesquisas, e também por experiência pessoal, um homem que ilude uma mulher nunca será um bom companheiro.

Alerta vermelho nº 7: Ele não está disponível

Se você quer relacionar-se com um cara bacana, antes de tudo é preciso que ele esteja disponível. Disponível não é apenas solteiro (ou seja, sem esposa ou namorada!), mas também ter disponibilidade para você.

Aqui vão alguns indícios de que ele não está disponível — ao menos naquele determinado momento:

Ele só trabalha. Relacionamentos exigem que vocês passem um bom tempo juntos. Não é possível namorar para valer com alguém que trabalha dia e noite.

Ele sai com outras. Você até pode sair com um sujeito que também sai com outras garotas; o que não dá é ter um relacionamento sério com ele. Esse cara está indisponível.

Ele mora longe. Relacionamentos a longa distância podem dar certo, mas somente se vocês se falarem e se verem com frequência. Se quiserem algo sério de verdade, mais cedo ou mais tarde vocês terão de morar na mesma cidade.

Ele acabou de romper um relacionamento. Esse é um caso complicado, uma vez que tecnicamente ele se encontra disponível – mas, como acabou de terminar um relacionamento, deve estar sofrendo e buscando recompor-se emocionalmente. Um indivíduo recém-separado quase sempre se acha carente e absorto em si mesmo. É melhor dar a ele um tempo para se recuperar completamente do revés.

Ele está se divorciando, mas ainda mora com a esposa. Qualquer homem que divide a mesma casa com a esposa, mesmo que durma no porão, não está disponível Se estivesse preparado para voltar a namorar, ele teria se mudado e começado uma vida nova.

Alerta vermelho nº 8:
Ele está emocionalmente indisponível

Ao contrário do indivíduo indisponível, o emocionalmente indisponível está tecnicamente livre, porém tem uma espécie de bloqueio emocional, não deixando você aproximar-se nem se permitindo a abertura necessária a um relacionamento pleno e satisfatório. Esse homem mantém você a meio metro de distância. Fique atenta, uma vez que este alerta vermelho é o mais difícil de identificar em um primeiro momento; às vezes é possível percebê-lo após uma série de encontros, mas geralmente é preciso um bocado de tempo para detectá-lo. Às vezes, mesmo quando recebe o impacto provocado pelo problema, você não é capaz de entender prontamente o que está se passando. Quanto antes identificá-lo, melhor, pois namorar um sujeito emocionalmente indisponível é de enlouquecer.

Aqui vão os indícios de que ele pode ser um desses casos:

Ele está sempre atulhado de trabalho. Um homem emocionalmente indisponível usa o trabalho como desculpa para mantê-la à distância. Homens assim estão sempre "ocupados demais" ou "simplesmente exaustos" para dar atenção a você. Um cara emocionalmente disponível e verdadeiramente interessado no relacionamento arruma tempo para ficar em sua companhia e está disposto a estabelecer vínculos emocionais com você.

Ele mora longe. Distância geográfica não significa necessariamente distância emocional. Ainda assim, indivíduos emocionalmente indisponíveis buscam relacionamentos a distância porque o distanciamento geográfico lhes fornece a distância emocional de que necessitam. Fique atenta com um rapaz que mora longe e tente perceber outros indícios de indisponibilidade emocional.

Ele raramente telefona. Um homem emocionalmente disponível telefona regularmente, e você quase nunca precisa perguntar-se por que ele ainda não ligou. O sujeito emocionalmente indisponível sempre deixa você perdida em dúvidas e, ao ver-se cobrado, começa a ligar umas poucas vezes ou tarde da noite.

É muito difícil encontrá-lo. Quando você telefona ou precisa dele, ele não atende ou demora demais para ligar de volta ou ir ao seu encontro.

Ele faz o "morde-assopra". Alguém emocionalmente indisponível se afasta ou parece distante quando você quer ficar com ele; mas quando você desiste de insistir e se distancia, ele, como por milagre, torna-se afável e carinhoso. Esse tipo de comportamento quente-frio é um sinal muito negativo.

Ele está "resolvendo alguns problemas". Se usa os contratempos com o trabalho, a vida pessoal, a ex etc. como desculpa para não assumir um relacionamento ou não estar em condições de relacionar-se com você, ele está emocionalmente indisponível. Problemas fazem parte da vida, e a maioria dos rapazes lida com eles normalmente.

Você não se sente à vontade. Este é o sinal mais eloquente. As coisas não parecem "cair bem" quando namoramos um indivíduo emocionalmente indisponível. E, ao não nos sentirmos satisfeitas ou seguras, é comum acharmos que o problema está em nós, que estamos carentes. Acontece, porém, que, se ele está emocionalmente indisponível, é natural que você se sinta assim. É possível que você não identifique a origem do seu mal-estar, por isso tente lembrar como se sentia ao namorar um homem que não se refreava emocionalmente. Use suas recordações como base de comparação.

Ele diz que o problema está em você. Quando cobrado por não se entregar ao relacionamento, ele diz que você está pedindo demais, que é carente e insegura ou coisas do tipo – enfim, que o problema está em você. Ele está certo, você tem um problema, sim: quer mais do que aquilo que está recebendo. Por isso, vá em busca do que quer junto de outra pessoa.

Em 90% dos casos, é você quem tem de romper com um namorado emocionalmente indisponível porque ele não é de pôr fim a um relacionamento, mesmo que insatisfatório – se você aceita um namoro repleto de limitações, para ele está bem assim. A verdade é que um homem emocionalmente indisponível não tem como fazer uma mulher feliz.

Alerta vermelho nº 9: Ele tem problemas

Há livros inteirinhos só sobre os "namorados problemáticos". Pois bem, vou enumerar alguns sinais típicos aos quais você deve prestar atenção ao conhecer um rapaz. Felizmente, é possível identificar esses sinais sem demora quando se está atenta.

Abuso de certas substâncias. Se ele toma mais de três cervejas em um encontro ou está sempre contando histórias de pileques, é bem provável que tenha algum problema com álcool. Se ele comenta que fuma maconha de vez em quando, é provável que o faça regularmente. Pessoas que abusam de certas substâncias, lícitas ou não, têm sérios problemas, por isso é melhor evitá-las.

Temperamentais. Se ele der sinais de mau-humor, melancolia, negativismo ou irritabilidade, fique atenta. Esses são fortes indícios de problemas que tendem a agravar-se com o passar do tempo.

Lobos solitários. Fique alerta com um homem que não tem amigos ou não é muito sociável. Quase sempre há um motivo (geralmente não muito bom) para ele se isolar.

Coitadinhos. Se ele não para de reclamar de problemas ou das injustiças da vida, é sinal de que se acha uma vítima. Todo mundo tem problemas ou passa por momentos difíceis, e as pessoas saudáveis tratam de resolvê-los.

Desemprego. Ser despedido ou ficar desempregado acontece a qualquer um, mas não ser capaz de ter uma vida profissional relativamente estável pode ser sinal de sérios problemas. Certifique-se de que ele realmente está procurando emprego e demonstra responsabilidade em outras esferas da vida.

Alerta vermelho nº 10: Você tem maus pressentimentos

Às vezes você conhece um homem que, seja lá por que motivo, não lhe causa boa impressão. Pode ser que você tenha detectado indícios de algum alerta vermelho, pode ser que não. Pode ser que, nos primeiros encontros, ele a deixe incomodada, tristonha ou irritada. Pode ser que ele não lhe inspire confiança ou lhe cause alguma sensação estranha. Seja o que for, o melhor que você tem a fazer é ouvir o que sua intuição lhe diz. É bem provável que se trate de algum tipo de alerta vermelho.

Se algo não lhe cai bem durante a paquera ou o namoro, você pode virar-se do avesso tentando entender o que está se passando, mas, no fim das contas, bastará que pergunte a si mesma: "Esse relacionamento está me parecendo proveitoso? É isso o que eu quero?". Na maioria das vezes, quando é preciso indagar-se se está tudo bem é porque provavelmente não está. Sobretudo se você tiver de fazer-se as mesmas perguntas repetidas vezes. No capítulo dedicado ao Erro nº 10 você vai descobrir como confiar nos seus instintos.

Investir no cara errado não só resulta em sofrimento e desilusão, mas também faz com que você desperdice seu precioso tempo e fique mais distante de encontrar sua cara-metade. Em se tratando de paquera e namoro, sua habilidade em fazer boas escolhas lhe confere um poder enorme. Apesar de não ter domínio sobre os homens nem como controlar o comportamento deles, você sempre terá a opção de escolher com quem puxar conversa, com quem sair, se está disposta a envolver-se profundamente ou não, e quando se afastar ao constatar que as suas necessidades não serão supridas. Dependendo da situação, não é preciso que você dispense um paquera de imediato porque percebeu algum alerta vermelho. Nesse caso, porém, anote o que foi que chamou sua atenção, vá com calma e fique atenta para ver se se trata realmente de um problema ou é apenas um detalhe sem importância.

Erro nº 9

Você já pensa em casamento logo após o primeiro encontro

"A imaginação de uma jovem não perde tempo; salta da admiração ao amor e do amor ao casamento em um instante."
Jane Austen, *em Orgulho e preconceito*

Você já ouviu uma garota dizer qualquer uma das frases a seguir? E, o mais importante, *você* já disse isso?

- "Acabei de conhecer meu futuro marido."
- "Eu sabia que era ELE assim que o vi!"
- "Sou a mulher ideal para ele; mas ele ainda não sabe..."
- "Sei que mal nos conhecemos, mas está escrito nas estrelas."

O que todos esses comentários têm em comum? Foram feitos por mulheres que sofriam de um surto de "talite". "Talite" é um mal que acomete o mundo feminino vez por outra: você se agarra a um homem (o tal) como se ele fosse o único em todo o planeta antes mesmo de saber quem esse indivíduo realmente é.

O termo "talite", cujo significado literal é "mal do (da) tal", originou-se na comunidade masculina dos Pickup Artists, um grupo norte-americano empenhado em dominar a arte da paquera e da sedução. Embora sejam uma espécie de aprendizes de sedutor, vez por outra eles acabam tendo uma paixão avassaladora por alguma garota. Uma vez apaixonado, o *pickup artist* (ou paquerador profissional), com toda a atenção voltada à amada, passa a ignorar as demais mulheres e a contrariar um bom número das regras prescritas pelo manual do sedutor. Os paqueradores profissionais morrem de medo da talite porque sabem que esse mal liquida o jogo de paquera e sedução a que se dedicam. E sabem também que, mais cedo ou mais tarde, acabarão jogando um balde de água fria no objeto de sua talite por sufocá-la com os tentáculos melosos de sua paixão.

OK, é bem provável que você ache esses paqueradores uns idiotas, ou coisa pior. Possivelmente deve pensar que eles não iriam morrer se parassem com esses joguinhos de conquista e sedução e namorassem uma garota por vez. Correto. Entretanto, quando estabelece um vínculo sério com uma mulher, o paquerador-sedutor está agindo por vontade própria, e não em decorrência de um surto de talite. Se pegar talite, ele não consegue a garota que deseja porque vai com muita sede ao pote, e isso a afugenta. Como seria de se esperar, o mesmo acontece no universo feminino.

Se não for tratada, a talite pode pôr os homens para correr. Esse mal também é capaz de provocar frustrações e desilusões, além de fazer a paciente envolver-se com os homens errados pelos motivos errados. A propósito, por mais que os Pickup Artists morram de medo de apanhar talite, a verdade é que as mulheres são mais propensas a esse mal do que os homens.

Este capítulo vai explicar o que é a talite, como evitá-la e como curar-se se você vier a pegá-la.

O que causa a talite?

Um velho estereótipo diz que a mulher tem fantasias românticas e o homem tem fantasias sexuais. Na verdade, tanto os homens quanto as mulheres gostam de ambas as coisas, e cada ser humano necessita de sexo e romantismo de uma maneira que lhe é própria, distinta das de outro ser humano. O estereótipo, porém, tem sua dose de verdade quando conhecemos alguém com quem simpatizamos. Em linhas gerais, podemos dizer que, ao conhecer uma garota do seu agrado, um rapaz sente uma atração física ou sexual em um primeiro momento e, caso simpatize com ela, em seguida experimenta uma atração de cunho emocional. Já com a mulher, a tendência é que se dê o contrário: nossas primeiras reações são de natureza emocional, em seguida surgem as reações de ordem física e, às vezes, é possível que ambas ocorram simultaneamente. Apesar de não haver nada de errado nessa tendência, isso é algo que pode nos causar problemas.

Uma garota imagina-se casada ou vivendo o caso de amor de sua vida com um rapaz antes mesmo de saber quem ele realmente é. Imagina os filhos, a casa e a vida que terão juntos. A linda fantasia romântica que ela cria é baseada nas poucas informações que tem a respeito desse homem – se se tratar de um médico, ela o imagina salvando vidas e depois correndo para o casarão com garagem para três carros onde moram, jantando em sua companhia e depois colocando Timmy, Tommy e Tina para dormir. A elaboração dessas fantasias repletas de detalhes não demora praticamente nada; elas podem surgir após um mero bate-papo ou um único encontro. Quando acha que ela e o rapaz combinam, a garota já se põe a pensar que deve ter encontrado sua cara-metade. Enquanto isso, esse tipo de ideia nem chegou a passar pela cabeça daquele rapaz – o mais provável é que ele esteja imaginando sua acompanhante completamente nua!

Ok, antes que você ache que estou de provocação, deixe-me dizer que fantasiar, como a jovem da garagem para três carros fez, é absolutamente comum e natural. Na verdade, às vezes nem há como controlar esses pensamentos e devaneios! Você está almoçando com um paquera que acabou de conhecer, a conversa é muito agradável, a refeição transcorre às mil maravilhas e, de um instante para o outro, lá está você imaginando-se casada com ele e os dois a caminhar pela praia de mãos dadas. Um relacionamento tão recente pode deixá-la meio zonza. Não é esse o problema.

O problema é que às vezes as mulheres levam essas fantasias ao pé da letra, passando a acreditar que esses devaneios e as sensações que eles provocam são um aviso de que estão diante da sua cara-metade. No entanto, o que essas fantasias realmente indicam é uma intensa atração por esse rapaz. Pode até ser que ele seja o Tal, mas também pode ser que não seja. Ainda que muitas histórias de amor belíssimas se iniciem com um forte "pressentimento" em relação a um homem logo no primeiro encontro, há inúmeras outras ocasiões em que esse forte pressentimento não leva a lugar nenhum e, no fim das contas, o suposto príncipe acaba se revelando um sapo. É impossível ter certeza sem dar tempo ao tempo e sem que vocês conheçam perfeitamente bem um ao outro.

Portanto, eis um dos fatores que causam a talite: a predisposição feminina para fantasiar mesclada às sensações provocadas por uma atração intensa. Outro fator a considerar é que muitas mulheres, sentindo-se preparadas para um compromisso mais sério ou para o casamento, tentam apressar a etapa do namoro na ânsia de obter mais prontamente o que realmente desejam: um relacionamento sólido e duradouro. Misture todos esses elementos, e *voilà* – a talite vai se instalar como uma daquelas gripes de cair de cama. E o cinema feito em Hollywood não ajuda nem um pouco: os filmes estão repletos de "amor à primeira vista" e "pressenti que era ele" porque isso, além de romântico, é também uma boa distração. As bilheterias não me deixam mentir. E por que não? Todas nós adoramos uma história de amor.

No mundo real, porém, é preciso combinar romantismo com prudência e paciência. O namoro, com todos os seus contratempos, é uma etapa indispensável na busca pela pessoa certa, por isso não se pode tentar abreviá-la. Por mais sensatos que sejam seus propósitos ou por mais sólidos que sejam seus critérios para namorar, se você ficar maluca por um homem que mal conhece e adoecer de talite, sua vida amorosa vai virar um inferno.

Pois bem, agora você já sabe o que é talite e o que a provoca. A seguir, vai descobrir os tipos mais comuns de talite – e como evitar vir a adoecer desse mal.

A síndrome de ele-é-o-tal (SEEOT)

Uma garota que sofre de SEEOT acredita, sem muito fundamento, que um rapaz que ela mal conhece é o homem da sua vida, pois simplesmente "sente" que é assim. Mulheres como essa garota fazem comentários como "acho que ele é minha alma gêmea" após um único encontro ou "vou me casar com ele" após um bate-papo. Esse é o tipo mais grave de talite e pode metê-la em várias encrencas. Enfatizando: qualquer uma de nós pode ter essa espécie de devaneio ou fantasia com um homem que mal conhecemos; a diferença é que uma garota com SEEOT não se dá conta de que é apenas imaginação.

O mais importante a perceber é que, independentemente do que você sentiu por um rapaz que acabou de conhecer ou que namorou no passado, essa sensação não significa necessariamente que ele é o homem da sua vida. Claro, até é possível que seja, mas o mais provável é que não é. O natural seria você conhecer um rapaz, simpatizar com ele, namorá-lo e ter a sensação de que se trata do parceiro dos seus sonhos *depois* de conhecê-lo bem e saber exatamente como ele é – só então esse alguém se tornaria o homem da sua vida!

Em resumo, não aposte todas as suas fichas nos pressentimentos e sensações que você tem em relação a um indivíduo que ainda não conhece muito bem. Antes de qualquer coisa, tente saber quem ele realmente é.

Sério demais, cedo demais

Por que namoramos? Para conhecer melhor uma pessoa e descobrir se esse alguém combina conosco e será um bom par para nós, certo? Pois bem, esse processo demanda tempo. Um erro muito comum é levar tudo a sério demais ao querer ir rápido demais. Os dois exemplos a seguir ilustram o que estou dizendo e a dor de cabeça que você pode se arranjar.

William saiu três vezes com Katie, uma garota que conheceu por intermédio de um amigo. Como viajava muito a trabalho, às vezes por meses a fio, ele explicou a Katie que estava de partida para um compromisso profissional de três meses na Europa. Os dois continuaram em contato enquanto William esteve fora e, ao retornar, ele a levou para jantar. Foi quando ela lhe disse que queria um relacionamento mais sério. E, ao ouvi-lo dizer que não se sentia preparado para esse tipo de compromisso, Katie ficou simplesmente furiosa, argumentando que o tinha esperado por três meses e indagando como ele se atrevia a fazê-la jogar todo esse tempo.

Morando cada um em um estado, Jeremy e Leann conheceram-se no aeroporto e, após se corresponderem algum tempo por e-mail, ele convidou Leann para ir visitá-lo. Depois de ter ido à cidade natal de Jeremy e de ele ter ido à sua, Leann, planejando novas visitas, quis estabelecer uma agenda de viagens para ambos. E, aproveitando a oportunidade para contar que a companhia aérea em que trabalhava tinha uma filial na cidade de Jeremy, ela disse estar pensando em pedir que a transferissem para lá. Sem mais explicações, Jeremy rompeu com ela.

Tanto Katie como Leann levaram tudo a sério demais rápido demais. Após somente três encontros, Katie deixou sua vida amorosa em suspenso por causa de um rapaz que passaria três meses em outro país. Leann se pôs a falar em mudar para a cidade de Jeremy após um só mês de namoro. E o mais importante: as duas, cada uma à sua maneira, atiraram-se de cabeça na relação presumindo que seus parceiros fossem acompanhá-las, algo que nem William nem Jeremy pretendiam fazer.

Se dar ao relacionamento um caráter sério demais cedo demais – seja por meio de atitudes, seja através de palavras – já é bastante arriscado quando ambos os parceiros assim o desejam, fazer isso quando ele não está com tanta pressa quanto você pode acabar com tudo de vez. De todos os erros relativos ao namoro que as mulheres cometem com seus pares, esse é o maior; até mesmo caras bacanas que querem um relacionamento para valer se apavoram com esse tipo de conduta.

Vejamos alguns indícios de que você está indo depressa demais:

- Você deixa de ver outros rapazes ou mesmo de cogitar outras paqueras após os primeiros encontros.
- Você o considera seu namorado e o chama assim diante de amigos ou parentes quando ainda não passaram da fase de paquera.
- Você espera exclusividade da parte dele após alguns encontros.
- Você quer que ele conheça sua família quanto antes.
- No primeiro ou segundo encontro, você sugere um passeio para dali a um mês.

Ter alguma das atitudes anteriores não significa que há algo errado com você, mas apenas que essa não é a melhor maneira de lidar com um relacionamento. Lembre-se: as coisas só começam a dar certo quando ambos sentem e querem o mesmo. Não é porque você está pronta para dar um passo adiante que ele também está. Tente ajustar seu ritmo ao dele ou, se ele estiver vagaroso demais para o seu gosto, procure outro paquera.

Comprometimento prematuro

Comprometimento prematuro significa focar demais em um único rapaz, excluindo os demais, antes de saber quem ele realmente é e o que pensa ou se a paquera resultará em um relacionamento mais sério. A maioria das pessoas equipara o comprometimento ao casamento, mas, no mundo amoroso, comprometimento é o mesmo que exclusividade. Ao adotarem a exclusividade, você e ele namoram um o outro e mais ninguém. Quando se atinge certo estágio do namoro, a exclusividade é algo positivo. Muitas mulheres, porém, comprometem-se antes do momento oportuno. Por exemplo: Carla me contou que havia terminado um relacionamento de dois meses com Simon. Aparentemente, ele andava tão ocupado com o trabalho que os dois se viam uma vez por semana, se tanto, e às vezes Simon só a procurava para levá-la para a cama. Carla não sabia mais o que pensar; às vezes achava que ele não queria um relacionamento para valer, mas o fato era que Simon vivia lhe telefonando. Brinquei com ela, dizendo que, se meu namorado não tivesse tempo para mim, entre um encontro e outro com ele eu sairia com todos os homens que me paqueravam. "Ah, não", retrucou Carla, "fiquei tão maluca por ele desde que o conheci que nunca mais conversei com outro rapaz".

Qual foi o erro de Carla? Apaixonar-se por Simon e riscar todos os demais rapazes da lista depressa demais, antes de ele dar provas de corresponder ao amor dela. Se Simon a tivesse levado para sair com mais frequência, tratado-a com carinho e dado outras demonstrações de comprometimento, então a falta de interesse de Carla por outros rapazes seria compreensível. Mas não era esse o caso.

Por que a talite é um problema (ou até mesmo um balde de água fria)

Como já vimos, a talite afugenta os rapazes e geralmente se torna um obstáculo ao sucesso do seu namoro. Aqui vão alguns motivos pelos quais isso acontece:

A TALITE PARECE DESESPERO

Quando você quer que a relação fique séria demais depressa demais ou passa a rejeitar outros rapazes tão logo conhece seu paquera, é provável que esse homem a veja como alguém que não consegue ficar sozinha ou é insegura, está carente ou desesperada para casar-se e ser mãe. Isso não só vai constrangê-lo como também diminuir seu poder de sedução. Mesmo que você não esteja carente ou desesperada, é assim que ele vai vê-la.

Por exemplo: Emily conheceu Zach, um rapaz muito simpático e divertido, por intermédio de amigos comuns e, como ele parecesse um sujeito bacana, aceitou o convite dele para sair. Os dois tiveram uma noite muito agradável e, ao fim do encontro, Zach, dizendo não pretender sair com outras garotas, pediu a Emily que também só saísse com ele. Após um único encontro! Embora tivesse gostado dele e com a impressão de que aquele relacionamento poderia tornar-se algo mais sério, Emily não se sentia disposta a assumir um compromisso de exclusividade; mas, pelo fato de ter simpatizado muito com ele, aceitou a proposta. Como seria de esperar, Zach não demorou a se mostrar o sujeito mais inseguro que ela havia namorado, dando de fazer o que quer que fosse para testar o afeto da namorada. Quando Emily se cansou e rompeu o namoro, no dia seguinte ele começou a namorar outra garota. Que lição tiramos disso? A talite não só parece – realmente é um péssimo sinal.

A TALITE DIFICULTA O DISCERNIMENTO

Se está lembrada do Erro nº 4, você sabe que discernir significa saber o tipo de rapaz e de relacionamento que deseja e não namorar pessoas que não se encaixem em seus critérios. No entanto, é difícil usar o discernimento quando se está de ponta-cabeça por causa de um rapaz, pois só vemos o que queremos ver! Mesmo que desde o início ele aparente ter todos os atributos que admiramos, leva algum tempinho até termos certeza de que esse homem é mesmo o que estamos buscando. É como comprar uma casa sem mandar vistoriá-la – podemos ter tido uma ótima impressão do imóvel (além do banheiro extra e do piso que estávamos querendo, o local não poderia ser melhor), mas ainda não dá para saber se há cupins, algum dano nos alicerces ou problemas com a calefação.

Veja o caso de Caitlin. Embora namorasse havia muito tempo, ela não tinha encontrado sua cara-metade. Convicta do que queria, Caitlin conheceu Devin, que desde o primeiro momento causou-lhe uma ótima impressão. Após alguns encontros, ela teve certeza de que Devin possuía todos os atributos da sua lista e, perdidamente apaixonada, passou a evitar a companhia de outros rapazes. Não demorou muito, porém, Devin começou a exibir outras facetas da sua personalidade – e o homem antes educado e atencioso passou a zombar dos defeitos dela e a não telefonar após prometer que ligaria. Apaixonada como estava, Caitlin desculpava tudo o que ele fazia até o dia em que, em um estalo, deu-se conta de que Devin não era o homem que queria para si e, mesmo com o coração aos pedaços, rompeu o namoro de seis meses.

Ao ver um futuro promissor em Devin, Caitlin passou a sofrer de talite, esquecendo que conhecer uma pessoa a fundo é um processo bastante demorado – daí a desilusão que ela teve de encarar. É preciso usar o discernimento não só quando saímos com um rapaz pela primeira vez, mas também durante todo o período em que o namoramos e estamos aprendendo a conhecê-lo.

Os homens conseguem perceber a falta de discernimento. São capazes de sentir quando uma mulher está ansiosa demais e quando ela precisa de um parceiro, seja quem for, em vez de precisar especificamente dele. Eles sabem que comprometimento é coisa séria e só deve ser compactuado com a pessoa certa – e que não há como saber logo de cara se a garota que namoram é essa pessoa. É possível ter um palpite, é possível ter expectativa, é possível torcer para que dê certo, mas não dá para ter certeza de que o palpite, a esperança e a torcida venham a se concretizar, logo não se deve agir como se essa certeza existisse. Saber se alguém é a pessoa certa para nós leva muitos meses, às vezes anos; é por isso que, quando você se atira sobre um rapaz que mal conhece, é bem provável que ele pense que você não está usando de discernimento.

A talite é opressiva

Por mais lisonjeiro que seja, alguém gostar da gente logo de cara é também bastante opressivo, uma vez que nos sentimos na obrigação de corresponder às expectativas dessa pessoa. Pense naquela vez em que um homem chegou com tudo em você – pode ser que ele tenha telefonado sem parar, exagerado nos elogios, avançado depressa demais, insistido em levá-la para a cama... Como você se sentiu? Sufocada? Assustada? Quando você espera demais de um rapaz, é assim que ele se sente.

Em certos casos, pode ser que você e ele se deem às mil maravilhas e queiram acelerar o passo. Isso, porém, também pode ter seus efeitos negativos. Há pessoas, os homens em particular, que só conseguem dar conta de um envolvimento tão intenso em um primeiro momento – excesso de convivência antes da hora pode sabotar uma relação.

É provável que você não esteja desesperada, carente, confusa ou qualquer dessas coisas que põe o sexo masculino de sobreaviso.

Digamos que você simplesmente gosta muito de um rapaz e deixou-se levar pela euforia. E, que a verdade seja dita: alguns homens se assustam à toa ou ficam paranoicos só de se imaginar prestes a cair em uma armadilha. Mas ainda que sejam temores sem fundamento, o que desperta esses receios que a maioria dos homens tem? Como este livro mostrou a você, ver o relacionamento do ponto de vista masculino é quase meio caminho andado para um namoro bem-sucedido. Portanto, como a talite apavora os homens, cuide de mantê-la sob controle.

Se você é uma romântica incurável ou tem propensão a acelerar o passo, o importante é estar consciente disso e desfrutar das boas sensações sem se deixar guiar por elas. Continue lendo e saiba como isso é possível.

Aumente a quantidade

Um dos motivos pelos quais você se fixa em determinado rapaz é a impressão de estar diante do único solteiro bacana em um raio de 100 quilômetros. Contudo, a não ser que você more bem no centro do fim do mundo, isso não é verdade. Por isso, é preciso aumentar a quantidade. Aumentar a quantidade é conhecer uma porção de rapazes regularmente – ou pelo menos estar mais próxima deles. Isso *não* é o mesmo que sair com um sem-número de homens por quem não se sente lá muito interessada. Não é preciso paquerar ou namorar esses rapazes; basta ficar na companhia deles.

Uma das dificuldades que os adultos enfrentam hoje em dia é o fato de nos expormos muito pouco ao convívio de pessoas que não fazem parte do nosso dia a dia. Mergulhamos na rotina, e nosso mundo vai se estreitando. Trabalhamos sempre no mesmo departamento, moramos sempre na mesma casa, saímos sempre com os mesmos amigos. A menos que você venha a conhecer alguém interessante no trabalho, na vizinhança ou por intermédio de amigos, sua situação não é das mais animadoras – e quando vier a conhecer um cara realmente encantador, é possível que pegue talite porque é o primeiro sujeito interessante que você conhece em décadas.

Aumentar a quantidade amplia seus horizontes, o que atinge dois objetivos: primeiro, eleva o número de pessoas com quem você interage, o que lhe mostra que é possível haver mais de uma opção. Isso é útil para quando você conhecer alguém que desperte seu interesse, pois a deixará menos propensa à talite. Por que ficar babando por um único rapaz se há um punhado deles dando sopa por aí? Segundo, eleva as chances de você vir a conhecer alguém com quem simpatize de verdade. Cientistas sociais pesquisaram os fatores que influenciam a formação de casais – e sabe qual é o fator mais importante? A proximidade, ou estar próximo a alguém. A maioria dos casais se formou porque seus pares trabalhavam juntos, pertenciam às mesmas associações ou frequentaram o mesmo colégio. É praticamente impossível conhecer novas pessoas quando se tem sempre as mesmas atividades dia após dia.

Pois bem, mas como aumentar a quantidade? Provavelmente não da forma que você está imaginando. Quando sugerimos a alguém, homem ou mulher, sair e conhecer novas pessoas, a resposta geralmente é "não gosto muito do ambiente dos bares". Ora, se um bar é a primeira coisa que lhe vem à cabeça ao pensar em fazer novas amizades, então você realmente precisa aumentar o leque de opções! Apesar de ser perfeitamente possível, não é lá muito provável que você venha a conhecer um cara bacana em um bar. Em vez de bares, que tal as reuniões sociais que você tanto aprecia? Nesses eventos, não só vai conhecer rapazes que gostam das mesmas coisas que você, como também vai se sentir mais satisfeita por estar fazendo algo que lhe agrada. Sou corredora e conheci uma batelada de rapazes em reuniões ou grupos de praticantes de corrida. Também sei de mulheres que conheceram homens muito interessantes em associações de praticantes de caminhada, montanhismo, ciclismo ou esqui. É difícil encontrar um homem que não aprecie esportes; e quanto mais árdua ou mais competitiva for a modalidade, maior será o número de participantes do sexo masculino.

Agora, se você não é lá muito fã de práticas esportivas, há outras opções. Em muitas localidades, colegas de uma mesma empresa costumam reunir-se após o expediente (é a happy hour), o que junta pessoas interessadas em mesclar negócios e convívio social. Há também em muitas cidades grupos de solteiros que promovem atividades sociais de todos os tipos. Museus e outras entidades culturais mantêm uma programação aberta ao público que inclui festas, reuniões, happy hours e outros eventos. Isso sem falar das organizações religiosas, dos grupos de voluntariado, dos eventos esportivos, das livrarias, das cafeterias... Matricule-se em um curso de finanças ou investimentos. E não deixe de ir às festas para as quais é convidada.

Não encare essas atividades como uma forma de conseguir um namorado. Nem se sinta na obrigação de namorar os homens que vier a conhecer. Simplesmente bata um papo com eles e faça amizades. Desse modo, você pode "paquerar" uma infinidade de rapazes sem ter de sair com eles como se fosse um encontro formal de namoro. E se realmente vier a namorar algum deles, você terá uma ideia mais clara de como ele é e o que pensa do que teria se namorasse um estranho. É muito importante sair por aí e ver quantos homens estão dando sopa, pois assim você vai constatar que não é a única pessoa solteira no mundo.

Curta a vida

Pois bem, já contei do medo que um sedutor tem da talite. Se porventura ele acaba pegando esse mal, como faz para sarar? É simples: curte a vida saindo com uma porção de mulheres. Isso o ajuda a não pensar na garota que lhe causou a talite, uma vez que o obriga a constatar que o mundo está repleto de mulheres à sua disposição. Não estou lhe sugerindo namorar rapazes em quem não está interessada só para tirar o "tal" da cabeça; estou dizendo que, quando você curte a vida e tem mais de um paquera, é bem provável que nem chegue a desenvolver um surto de talite.

Hoje em dia, há muitos homens e mulheres que não gostam de sair com a primeira pessoa que lhes aparece pela frente. Alguns acham que isso é errado, que o certo seria colocar o foco em uma pessoa por vez e não se meter em aventuras. Outros acham que é complicado demais – sentem-se mal por manter relacionamentos simultâneos e acabar tendo de dar (e levar) um fora com certa regularidade. Há também quem ache simplesmente impossível: "Mal consigo paquerar uma só pessoa", dizem, "como conseguiria pular de galho em galho?". São todos argumentos válidos. Mas curtir a vida é perfeitamente válido também e pode ajudá-la não só a afastar a talite como ainda a encontrar o namorado que você deseja. E por vários motivos:

É proveitoso. Paquerar mais de um rapaz simultaneamente lhe permite avaliar vários possíveis namorados em curto período de tempo. Se paquerasse apenas um por vez, você talvez levasse anos para encontrar aquele com quem deseja ficar para valer.

Alivia a pressão. Ao paquerar vários rapazes ao mesmo tempo, você não coloca toda a sua atenção em um só deles, o que poupa especialmente o seu preferido. Essa é uma boa maneira de evitar a talite.

Mostra que você tem discernimento. Ter vários paqueras é sinal de que você não se acomoda com o primeiro indivíduo que a convida para sair ou lhe causa uma boa impressão logo de cara. Isso mostra que você prefere esperar até que um rapaz lhe dê provas de que vale a pena riscar os demais da sua lista. É muito mais fácil resignar-se a um homem que não nos merece quando não há outras opções.

Mostra que você pode. Um homem quer viver a sensação de ter conquistado uma grande mulher. Por saber que uma garota muito desejada tem a opção de escolher entre vários pretendentes, ele vai se sentir realmente especial ao pensar que você o elegeu entre os demais.

Fornece uma base de comparação. Ter mais de um paquera permite a você examinar com clareza as diferenças entre eles e escolher aqueles que correspondem às suas expectativas. É bem mais fácil do que compará-los com os rapazes que você namorou no passado.

Significa menos desilusões. Se determinada paquera não deu certo – ou porque você se deu conta de que ele não é a pessoa certa ou porque ele deixou de telefonar –, é bom saber que há outros rapazes para lhe fazer companhia. Sempre haverá alguém por perto.

Parte do que as pessoas, em especial as mulheres, acham desagradável em curtir a vida se deve ao fato de presumirem que ter mais de uma paquera ao mesmo tempo é o mesmo que agir como alguém empenhado em ser um grande sedutor. Um sedutor, porém, não está à procura de uma relação séria; ele quer ter a liberdade de sair com o maior número possível de parceiras. Os sedutores, que tipicamente são do sexo masculino, têm má reputação porque muitos deles buscam somente conquistas sexuais e estão dispostos a enganar, fazer joguinhos ou mentir no propósito de atingir seus objetivos. Eles até podem tratar uma garota como sua namorada, e mesmo se referir a ela dessa maneira, no entanto continuam a pular de cama em cama, relacionando-se afetiva e sexualmente com outras mulheres. Não é de admirar que, se porventura tiver cruzado com um tipo assim, você associe curtir a vida com agir como um sedutor em busca de aventuras. A verdade, porém, é que não se trata da mesma coisa.

Curtir a vida é paquerar vários rapazes até encontrar aquele com quem você se propõe a assumir um pacto de exclusividade, o que significa deixar de fora os demais. Na maioria das vezes, é possível perceber em alguns poucos encontros se determinado rapaz tem potencial para um relacionamento sério ou não. Se ele não tiver, afaste-se e siga adiante. Quando encontrar um homem de quem você goste de verdade, disposto a assumir um compromisso, deixe de sair com os demais. Você não deve mentir nem enganar ninguém.

Aqui vai um exemplo prático de como curtir a vida, e do porquê isso pode ser benéfico:

Ao começar a paquerar pela internet, Tori simpatizou com dois rapazes. Apesar de gostar mais de Darren e tudo ter corrido bem nos dois encontros que ambos tiveram, ela, com a sensação de que ainda não o conhecia muito bem, não deixou de sair com Jordan, o outro rapaz. No encontro seguinte que teve com Darren, Tori, além de reparar que ele parecia um tanto genioso, não gostou nada dos comentários grosseiros que o rapaz fez acerca da ex-namorada. Decepcionada com Darren, ela permitiu-se ver que Jordan era um homem realmente interessante. Não demorou muito, Tori rompeu com Darren e continuou a encontrar-se com Jordan.

Se tivesse se afastado de Jordan para concentrar sua atenção em Darren em virtude da boa impressão que tinha dele, Tori provavelmente teria tido um surto de talite, envolvendo-se com ele até o pescoço antes de constatar que havia se enganado. É por isso que ter mais de um paquera vale a pena; estabelecendo parâmetros de comparação é mais fácil tomar decisões.

Se você decidir-se por curtir a vida, aqui vão algumas regrinhas básicas:

Erro Nº 9 • Você já pensa em casamento logo após o primeiro encontro

Seja sincera. Quando começar a sair com um rapaz, não há por que contar a ele que sai também com outros paqueras; o mais provável é que você acabe riscando alguns nomes da sua lista antes que esses encontros se tornem um problema. Vale a pena contar a verdade quando você continua a sair com um paquera após uma série de encontros, sobretudo se estiver realmente a fim dele; a essa altura do relacionamento, é bem possível que ele queira dar um passo adiante, portanto esse é um bom momento para você usar a sinceridade. Se quiser continuar com ele, diga; mas diga também, se for o caso, que você ainda não está disposta a deixar de sair com os outros.

Seja prudente em relação ao sexo. Como sexo é uma questão delicada, a melhor maneira de evitar problemas é abster-se de ir para a cama com um rapaz antes que vocês decidam assumir um compromisso de exclusividade, renunciando a fazer amor com outras pessoas. O mundo masculino é estranho em relação ao sexo; há muitos homens que não pulam de cama em cama, mas a maioria, inclusive aqueles que se deitam com qualquer garota, não gosta nem um pouco quando sua paquera dorme com outros rapazes. É provável que você não aprove o uso de dois pesos e duas medidas, mas a verdade é que o duplo padrão moral existe, goste-se ou não. Relacionar-se fisicamente com mais de um rapaz é complicado. Além do mais, é preciso não descuidar da prática do sexo seguro. E, por fim, sua vida sexual diz respeito somente a você, e você não tem de assumir um pacto de exclusividade com alguém se não for essa a sua vontade. De qualquer forma, nunca abra mão do preservativo e, se for o caso, deixe claro que você não prometeu exclusividade a ninguém.

Não fale dos outros paqueras. Não faça comentários sobre os outros rapazes com quem você está saindo. Se ele tocar no assunto, não se sinta na obrigação de dar explicações; ele não tem nada a ver com isso. Ao deixá-lo a par de que tem outros paqueras, você já fez a sua parte.

Não se aborreça se ele não quiser participar. É provável que algum rapaz não queira que você se divida entre ele e os demais. Não ceda a esse tipo de pressão se não for essa a sua vontade. Do mesmo modo como não pode obrigá-lo a sair somente com você, seu paquera não pode obrigá-la a sair somente com ele. O que ele pode é optar entre lidar com a situação ou procurar outra pessoa.

Respeite. Sair com mais de um paquera significa ter um punhado de opções, mas é imprescindível que você trate todos eles com respeito. Não seja cabeça de vento, convencida ou arrogante: se combinar um compromisso, não falte. Se não quiser mais sair com um dos seus paqueras, diga isso a ele com delicadeza e educação.

Não marque um encontro atrás do outro. Encontrar-se com um rapaz várias vezes por semana e querer sair com outros paqueras pode deixá-lo confuso; ao agir assim, você envia mensagens dúbias. Se tiver mais de um paquera, tente sair com cada um deles apenas uma vez por semana.

Vá com calma

Se quiser evitar a talite e os estragos que ela faz, aprenda a ir com calma. Como já vimos, ir com muita sede ao pote é uma forma infalível não só de afugentar um paquera, mas também de acabar se envolvendo com alguém que pode vir a se revelar um babaca. No intuito de evitar esse erro, aqui vão algumas normas a serem observadas:

Lembre-se de que você ainda não o conhece. Independentemente do grau de atração que sente por um rapaz ou do quão bacana ele possa parecer, você ainda não sabe exatamente como ele de fato é. É possível que ele ainda venha a se revelar um sapo, e você não haveria de querer envolver-se até o pescoço com alguém assim. Conhecer um homem a fundo leva tempo. Muito tempo.

Evite sexo. O envolvimento sexual pode vir antes do envolvimento emocional; em outras palavras, as pessoas geralmente fazem amor sem antes saber o que realmente sentem uma pela outra. Por causa disso, o envolvimento emocional é compelido a amadurecer – nesse ponto surge o impulso de fazer o relacionamento avançar e aprofundar-se, e algumas pessoas (sobretudo os homens) às vezes não se sentem prontas ou dispostas a isso. Infelizmente, na maioria das vezes será você a encarregada de pisar no freio quando o assunto sexo vier à baila. Não é uma tarefa fácil, porém será menos difícil se você tomar duas atitudes: deixe claro antes do encontro que vocês dois não vão para a cama e evite ir à sua casa ou à dele.

Evite ser muito íntima dele. Não é só a intimidade sexual que pode açodar o ritmo de um relacionamento; a intimidade emocional tem esse mesmo efeito. Procure fazer com que vocês se conheçam pouco a pouco. Fale de trabalho, passatempos e amizades, e evite, ao menos em um primeiro momento, assuntos como projetos de vida, problemas na infância e comentários intermináveis a respeito de ex-namorados. E tenha cuidado ao falar de casamento e filhos, pois, se demonstrar muita ansiedade, ele poderá pensar "Ela quer casar e ser mãe, e eu sou o último na lista de doadores de esperma e provedores". Não há nada de errado em ter vontade de casar e ser mãe; apenas seja cautelosa quanto ao momento oportuno para abordar o assunto e à forma como vai se expressar.

Evite sair com ele com muita frequência. No início da paquera, procure não estar junto dele o tempo todo. Limite os encontros a um por semana, no máximo dois. Agindo assim, você passa a impressão de que não está desesperada e dá tempo a ele para processar o que sente por você. Muitos indivíduos necessitam de espaço para que seus sentimentos por alguém possam florescer. Se ele convidá-la para sair mais do que uma ou duas vezes por semana, diga que você tem outros compromissos. Pelo mesmo motivo, evite conversar com ele pelo telefone a todo momento.

Deixe que ele estabeleça o ritmo. O homem avança mais vagarosamente do que a mulher no início de um relacionamento; assim, deixe que ele diga quando vocês dois vão sair e quando o namoro deve ficar mais sério. Não tente fazer com que ele assuma compromissos futuros — você não sabe se ainda estarão namorando daqui a três meses! Combinar a ida a um concerto no próximo mês é coisa para casais, e não para duas pessoas que estão só começando a sair juntas. Se ele ainda não mencionou aquela palavra indicada pela letra "T" nem a convidou para um almoço em família, não toque nesses assuntos. Se der tempo a ele, e ele estiver verdadeiramente interessado em você, seu paquera vai convidá-la para reuniões em família e eventos que ocorrerão daqui a algum tempo quando achar que deve fazê-lo. Esperar que ele esteja pronto e disposto para dar um passo adiante mostra que você não só o respeita como também que é independente.

Saiba quando comprometer-se

Muito bem, enquanto aumentava a quantidade e curtia a vida, você conheceu o "Senhor Especial". Quando é hora de assumir um compromisso de exclusividade e deixar de sair com outros rapazes? Aqui vão algumas regrinhas básicas:

Vocês estão namorando há um tempinho. Por "tempinho" eu quis dizer uma série de encontros e momentos a dois que correram às mil maravilhas. Além de aproveitar bem a oportunidade de conhecer a fundo um ao outro, vocês têm um histórico consistente de telefonemas e encontros. Tanto Carla como Katie transgrediram essa norma: Carla deixou de sair com outros rapazes antes que ela e Simon tivessem uma série de encontros harmoniosos, e Katie exigiu exclusividade de William após somente três encontros e uma ausência de três meses.

Ele está correspondendo às suas expectativas (por enquanto). No início desta etapa, corresponder às suas expectativas significa dizer que ele telefona com frequência, vocês se veem regularmente, você aprecia a companhia dele, ele a trata com carinho e se mostra atraído por você. Tudo vai bem, e você tem bons pressentimentos quanto a esse relacionamento. Já Simon não correspondia às expectativas de Carla, tanto que ela rompeu a relação porque raramente podia contar com ele; Carla também deveria ter esperado para ver se valia a pena namorar somente Simon antes de decidir-se por deixar de sair com outros rapazes. Katie também viu suas expectativas frustrarem-se – além de passar três meses no exterior, William não foi ao encontro dela nem a convidou para ir vê-lo. Portanto, não ponha a carroça na frente dos bois – assuma um compromisso de exclusividade se, e somente se, suas expectativas já estiverem se concretizando.

Vocês conversaram e decidiram-se pela exclusividade.
Essa é uma questão que a maioria dos casais, após um período de convívio, costuma discutir. O paquera de uma garota lhe perguntou se ela estava saindo com outros rapazes; ao ouvi-la dizer que não, ele afirmou que também não saía com outras garotas e se disse satisfeito com que fosse assim. O paquera de outra garota foi mais formal, indagando suavemente: "Quer ser minha namorada?". Use a forma que achar melhor, mas não deixe de discutir esse assunto com seu paquera. Se quiser exclusividade, ele vai dar uma dica ou então perguntar sem maiores rodeios se você têm saído com outros rapazes ou dizer se ele próprio tem ou não outras paqueras. Nunca presuma que ele sai somente com você. Isso continua valendo mesmo que vocês transem ou passem a maior parte do tempo juntos. Se tiver alguma dúvida ou quiser saber o que ele anda fazendo, pergunte.

Além de ótimas maneiras de passar o tempo agradavelmente, paquerar e namorar são também, no fim das contas, uma forma de conferir se vale a pena apostar em um relacionamento sério com certos rapazes. Esse processo é demorado, e verificar se determinado homem tem estofo para casar é mais demorado ainda. Muitas mulheres, porém, não levam isso em conta – e acabam se dando mal.

Não se martirize se porventura você deixou-se acometer pela talite. Isso pode acontecer a qualquer pessoa. O truque é estar consciente de que esse mal existe e não deixá-lo fazer bobagens em seu nome. Uma coisa é certa: se você pegou talite e depois veio a constatar que o senhor "Tudo de Bom" era na verdade o senhor "Todo Errado", é bem provável que nunca mais vá deixar que isso torne a acontecer!

Erro nº 10

Você dá ouvidos à sua mãe

*"Quando sua mãe pergunta: 'Quer um conselho?',
trata-se de mera formalidade.
Pouco importa que você responda sim ou não.
O conselho virá de qualquer maneira."*
Erma Bombeck

Não faz muito tempo, uma amiga terminou um relacionamento de anos. Ela é uma pessoa muito sociável e extrovertida e, quando voltou a se relacionar afetivamente, pôs-se a contar as histórias de suas paqueras para todos os seus conhecidos a fim de pedir conselhos. Depois de várias semanas disso, e já farta de tantos palpites, ela desabafou comigo: "Santo Deus, e depois todo mundo se acha especialista no assunto! Você não vai acreditar nos conselhos que esse pessoal me deu!".

A bem da verdade, eu acreditaria, sim. Em se tratando de relacionamento amoroso, todo mundo tem seu ponto de vista – e opiniões inabaláveis. E por que não? Afinal, não há quem não tenha alguma dificuldade de natureza sentimental para contar.

Sua família, seus amigos, seu chefe e até mesmo a moça que corta seu cabelo têm um punhado de conselhos para lhe dar. E, graças ao milagre da internet, é possível receber conselhos através de inúmeros fóruns de debate ou salas de bate-papo on-line – para não dizer que qualquer um pode pôr no ar um blog ou um site só para distribuir conselhos por aí. O bom de todo esse manancial de sugestões é que comumente podemos buscar auxílio quando precisamos. O lado mau disso tudo? O auxílio nem sempre ajuda.

Veja o caso de Brandy, por exemplo. Pesarosa com o fato de só se relacionar com indivíduos que sempre acabavam por desrespeitá-la, ela escreveu para um colunista on-line, que se definia como um "perito" em assuntos masculinos, pedindo-lhe que a ajudasse a resolver seu problema. Qual foi a resposta dele? Ele aconselhou Brandy a continuar relacionando-se com aqueles tipos grosseirões porque, no fundo, gostava de ser maltratada. Se não gostasse, concluiu o "especialista", não teria se metido com eles.

Em que medida você acha que esse conselho genial ajudou aquela garota? Eu diria que ajudou muito pouco ou coisa nenhuma. Na verdade, é bem provável que a tenha feito sentir-se pior!

Agora, por mais que haja uma infinidade de palpites infelizes por aí, há também uma infinidade de conselhos úteis – ainda que não se apliquem ao seu caso em particular ou ao seu modo de pensar. Além disso, você já deve ter constatado que o conselho que recebeu de uma pessoa é o contrário do conselho que recebeu de outra. Por exemplo: você saiu com um rapaz e já faz quatro dias que não tem notícias dele. Ao comentar o sumiço de seu paquera com suas amigas, uma delas afirma que ele deve andar muito atarefado, outra diz que esse rapaz não está a fim de você e uma terceira lhe sugere telefonar para ele. Enquanto isso, você fica pensando *Que diabos devo fazer?*

Se quiser sobreviver à paquera e ao namoro, você precisa providenciar um bom grupo de apoio. Independentemente da sua perspicácia ou da sua experiência, é preciso que você se cerque de pessoas com quem possa conversar e em cujos conselhos possa confiar. O namoro é o período da vida em que avaliamos um homem com quem podemos acabar passando o restante dos nossos dias – por isso, ter quem nos ouça e nos aconselhe é fundamental. Infelizmente, não é fácil encontrar o apoio e o incentivo de que precisamos. O fato de uma pessoa estar convicta de seus pontos de vista ou já ter passado pelo que você está passando não significa que o conselho dela seja útil ou sirva de incentivo! E, convenhamos, um mau aconselhamento é pior do que não ter aconselhamento nenhum. Embora peritas em pedir conselhos e sugestões, nem sempre vamos à procura do apoio de que mais necessitamos. Como poder contar com uma boa rede de assistência é muito importante quando namoramos, este capítulo é dedicado a esse assunto.

Conselho pouco proveitoso

Há muitos tipos de aconselhamento, mas, independentemente do conteúdo da opinião e de quem a emite, um conselho deve possuir dois atributos: ser útil e incentivar. Em contrapartida, um conselho pouco proveitoso é inútil, desestimulante ou ambas as coisas.

Conselho inútil

O propósito de aconselhar-se é obter auxílio para enfrentar determinado impasse. Em um cenário ideal, você receberia algumas sugestões que fazem sentido e a ajudariam a resolver o problema. No entanto, nem todos os conselhos vão aplicar-se ao seu caso; se você estiver namorando um rapaz com problemas de alcoolismo, não são todas as pessoas que saberão como ajudá-la. Há, porém, certos conselhos que são particularmente inúteis, sobretudo quando a pessoa que os dá não tem a menor experiência no assunto em questão. Por exemplo: você simpatiza com o paquera com quem saiu um par de vezes, mas agora ele não para de telefonar; quando pede a opinião de uma amiga, ela lhe diz que esse rapaz está perdidamente apaixonado e que você deveria estar feliz da vida com isso! Um conselho desses tem pouca serventia porque lhe falta discernimento; um homem que se põe a ligar sem parar para uma garota após somente dois encontros está indo com muita sede ao pote, e isso não é nada bom para o relacionamento.

Como mais um exemplo, o que dizer do gênio que "informou" a Brandy que ela namorava sujeitos estúpidos porque gostava de ser maltratada? Se esse palpiteiro tivesse um mínimo de capacidade para avaliar a situação com bom-senso e clareza, deveria saber que *ninguém* gosta de desrespeito e grosserias e que, se realmente apreciasse o que estava lhe acontecendo, Brandy jamais teria escrito para ele pedindo ajuda! A opinião desse indivíduo revela profundo desconhecimento acerca do universo feminino, das complexidades do namoro e do comportamento humano.

Mais outro exemplo de conselho inútil é quando um homem lhe sugere correr atrás de paqueras e ir com tudo para cima deles; ele a aconselha a agir assim não porque essa seja a conduta mais benéfica para você, e sim porque gostaria que uma garota agisse dessa forma com ele. Esse homem deve ter se dado muito mal com as mulheres, por isso não quer correr novos riscos. Além disso, esse é um péssimo conselho porque, apesar de não haver mal nenhum em mostrar seu interesse por um rapaz, você nunca deve correr atrás dele. O conselho desse indivíduo reflete as expectativas dele, não as suas.

Conselho desestimulante

O outro motivo pelo qual buscamos nos aconselhar é ter alguém que nos ouça, que compreenda a nossa situação e demonstre estar do nosso lado. Ao pedirmos um conselho, quase sempre estamos em busca de apoio e incentivo – muito mais do que de uma opinião. Um conselho inútil não tem a menor graça porque não nos dá o auxílio de que necessitamos. O conselho desestimulante, porém, é simplesmente terrível, pois a faz sentir-se tola, constrangida ou desesperada, e deixa seu estado de ânimo bem pior do que estava. As pessoas que dão conselhos desestimulantes apresentam um comportamento em comum: todas têm seus problemas e tratam de projetá-los em você. Embora às vezes digam que falam o que falam para o nosso bem, na maioria das vezes o nosso bem é o último item na lista das preocupações delas.

Infelizmente, há vários tipos de conselheiras assim:

A Crítica. A Crítica analisa sua conduta amorosa, encontra defeito em tudo e, claro, não se furta a apontar seus erros. Ela faz comentários do tipo: "Você ficaria bem mais sedutora se perdesse alguns quilinhos" ou: "Se continuar fazendo isso, você vai acabar solteira". Ainda que algumas observações sinceras a respeito dos seus pontos fracos possam ser muitos úteis, as Críticas não fazem questão de ser simpáticas ao tratar desses assuntos; na verdade, elas parecem adorar procurar defeitos na forma como você paquera e namora.

A Advogada do Diabo. Se você tem problemas com seu paquera, a AD fica do lado do rapaz ou examina a situação pelo ponto de vista dele. Quando você se queixa a uma AD que o rapaz com quem está saindo fez um comentário deselegante a seu respeito, ela o defende, alega que ele deve ter tido um dia difícil e sugere a você deixá-lo em paz por um tempinho. Às vezes, analisar os dois lados de uma questão ou tentar ver a situação pelo ponto de vista masculino pode ser muito proveitoso.

Contudo, o objetivo de buscar a opinião de quem está de fora é concentrar o foco em você e no seu ponto de vista, e isso é algo que a AD não faz.

A Recriminadora. As recriminadoras adoram dizer que seus problemas sentimentais são culpa sua. "A culpa é sua se ele não telefona. Quem mandou dormir com ele no primeiro encontro?", dizem elas. Há uma grande diferença entre assumir a responsabilidade e assumir a culpa; se você está tendo problemas na paquera ou no namoro, é fundamental examinar de que forma pode estar contribuindo para que essas dores de cabeça aconteçam. Agora, alguém se pôr a culpá-la por tudo o que vai mal no seu namoro não só não ajuda em nada como faz com que você se sinta pior. O conselho adequado, nessas circunstâncias, seria: "Que chato isso. Lamento muito que ele não tenha ligado. Você não acha que, da próxima vez, talvez fosse melhor esperar um pouco mais antes de ir para a cama com ele?".

A do Contra. Não importa o que você diga, a do Contra vai responder com um "Bobagem!". Se você quer ter vários paqueras, ela diz que é complicado demais ou que nenhum homem aceita isso. Se você quer casar, ela diz que o casamento é um horror. Se você quer paquerar caras mais novos, ela diz que os rapazes são imaturos ou não gostam de mulheres maduras. Várias pessoas já responderam com um "Bobagem!" a algo que eu havia dito – em resposta, sorri e as ignorei, pois esse tipo de comentário nunca tem fundamento. Só porque não deu certo com elas não significa que não vá funcionar comigo! Não permita que alguém lhe diga que você não é capaz de atingir seus objetivos.

Há mais um tipo de conselho pouco proveitoso: o conselho que ninguém pediu! Sim, existem conselheiras que já vão lhe dizendo o que fazer mesmo que você não tenha pedido a opinião de ninguém. Basta você falar dos seus problemas, e elas já pressupõem que se trate de um pedido de auxílio. Por isso, guarde este princípio: não comente suas dificuldades amorosas com alguém em cuja opinião não está interessada.

As três principais fontes de conselhos (pouco proveitosos)

Quando têm problemas amorosos, muitas mulheres dão preferência a três fontes de opiniões na busca por aconselhamento e apoio: a mãe, as amigas e especialistas no assunto. Realmente, trata-se de pessoas capazes de nos dar excelentes conselhos; mas o fato de ser natural recorrermos a elas nos momentos difíceis não significa que todas as mães, todas as amigas e todos os especialistas sejam bons conselheiros.

Vamos examinar, a seguir, os prós e os contras de cada uma dessas fontes.

Mães

É natural pedir conselhos à sua mãe, afinal ela, além de ser a mulher com quem você mais conviveu, tem mais idade e experiência. Em circunstâncias ideais, a opinião e os conselhos maternos seriam extremamente proveitosos, afinal estamos falando de uma pessoa vivida; e ela lhe daria todo o apoio do mundo por ser, ora bolas, sua mãe! Ela a ama acima de tudo e quer que você seja feliz. Entretanto, nem sempre as mães dão bons conselhos.

Apesar de mais maduras e experientes do que nós, nossas mães pertencem a outra geração, viveram em um mundo diferente do nosso e, em decorrência disso, é possível que suas opiniões sejam antiquadas e seus conselhos, ultrapassados. Por exemplo: quem de vocês não foi aconselhada pela mãe a casar com um homem rico, com um médico ou com um sujeito nada atraente só porque ele seria um marido dedicado e provedor? Casar-se por dinheiro talvez até fizesse sentido antigamente, em uma época em que a mulher não tinha papel algum na sociedade e dependia do marido para sustentá--la e a seus filhos. Hoje em dia – por mais bacana que seja ter um companheiro cheio da grana –, qualquer mulher tem condições de manter a si própria. E casar-se com um homem por quem você não sente atração é uma tremenda roubada; nos tempos em que vivemos, uma mulher quer um companheiro apaixonado, não só alguém que se encarregue das despesas da casa!

Embora haja mães mais modernas e antenadas, elas têm pontos de vista baseados na própria experiência. Se sua mãe casou-se aos 20 anos, a experiência amorosa dela é limitada – assim como a capacidade de dar conselhos a você sobre esse assunto. E o mais provável é que sua mãe nunca tenha paquerado pela internet, participado de eventos só para solteiros e solteiras interessados em namorar ou mesmo usado preservativos de borracha! Enfim, conselhos fora de época ou baseados em experiências limitadas não têm lá grande serventia.

E, infelizmente, conselho materno nem sempre significa apoio ou incentivo. Nada impede que nossas mães sejam críticas, acusadoras ou qualquer outro tipo de conselheira que mais atrapalha do que ajuda. Na verdade, as mães costumam exigir bem mais da prole do que de qualquer outra pessoa – como projetam seus temores e inseguranças nas filhas, acabam por criticá-las imaginando que seja para o bem delas. Quem de vocês nunca levou um sermão da mãe por ainda não ter se casado? Quem de vocês nunca foi criticada por namorar um rapaz de quem sua mãe não gostava ou por romper o namoro com um sujeito com quem ela simpatizava?

Resumindo: tenha cautela com os conselhos da sua mãe. Se achar que as sugestões que ela lhe dá no geral são pouco úteis ou não oferecem o apoio e o incentivo que você está buscando, pare de pedir a opinião dela e procure aconselhar-se com outra pessoa. Se ela, por uma questão de temperamento, insistir em opinar sobre sua vida amorosa, diga que não quer falar disso e peça conselhos relativos a outros assuntos. É provável que você tenha de repetir essa conduta algumas vezes, mesmo assim não deixe de ser firme até fazê-la respeitar sua vontade. Agora, se faz bom proveito das sugestões de sua mãe, é claro que você deve aconselhar-se com ela sempre que possível. E mesmo que ela lhe dê conselhos úteis em alguns assuntos e recomendações nem tão proveitosas em outros, aplique a sabedoria dela no que couber e ignore o que não puder aproveitar.

Amigas

Quase sempre é melhor aconselhar-se com as amigas do que com a mãe. Vocês têm mais em comum, normalmente pertencem à mesma faixa etária e, além de compreendê-la melhor, em geral elas não têm a propensão tipicamente materna para criticar. Apesar disso tudo, porém, amigas também podem ser uma fonte de maus conselhos.

Um dos problemas mais comuns em relação às amigas é que elas quase sempre não sabem muito mais que você. Assim como você, ainda estão namorando e aprendendo a namorar. E as casadas nem sempre podem lhe dar a atenção de que você necessita, pois é provável que estejam ocupadas demais criando os filhos e tentando fazer o casamento dar certo! É preciso lembrar também que as amigas podem nos dar maus conselhos em virtude do momento que estão vivendo. Por exemplo: quando Nora sentiu que estava se envolvendo demais com um homem que a tratava com certa indiferença, sua amiga Karen lhe sugeriu dormir com outro rapaz a fim de distanciar-se do outro!

Sim, as amigas podem não entender de tudo, mas a verdade é que parecem sempre prontas a nos apoiar. Além de ouvir seus desabafos, procurar ver a situação do seu ponto de vista e analisar seus problemas em busca de soluções, elas tomam suas dores e ficam ao seu lado quando você está sofrendo. Afinal, não se diz que é para isso que servem os amigos? Infelizmente, porém, há amigas que assumem uma postura ligeiramente "maternal" e, assim, tornam-se mais críticas ou recriminadoras do que solidárias. Como acontece em relação às mães, elas agem dessa forma em decorrência dos próprios problemas pessoas, que as impedem de perceber como poderiam ajudá-la de verdade.

Quando estiver namorando, cuide de manter um bom círculo de amizades, mas tenha em mente que suas amigas podem não ter todas as respostas de que você precisa. E se vier a descobrir que elas não se solidarizam com suas dificuldades amorosas, evite pedir opiniões e conselhos sobre esse assunto.

ESPECIALISTAS EM RELACIONAMENTOS AMOROSOS

Como nossas mães e amigas não entendem de tudo, às vezes buscamos o auxílio de uma especialista. Lemos matérias de conselheiros sentimentais na internet, compramos livros sobre namoro e relacionamentos e até fazemos terapia de quando em quando; os conselhos e opiniões de especialistas podem representar um bom acréscimo aos de sua mãe e amigas, uma vez que eles estudaram o assunto a fundo e, portanto, têm mais preparo e conhecimento para falar de certas questões. No entanto, especialistas também cometem seus deslizes.

Na internet, o aconselhamento sentimental varia de razoável a terrível. Embora haja muitos sites bons e bem-conceituados, a maioria do que encontramos por lá é puro lixo. Conselheiros sentimentais respeitáveis costumam dar sugestões úteis e encorajadoras; se o conselho lhe parecer meio boboca ou soar como brincadeira, ou se quem o emitiu for crítico em demasia ou fizer comentários ofensivos ao sexo feminino ou masculino, evite voltar a esse site. Felizmente para nós mulheres, a maior parte da consultoria sentimental de baixa qualidade que há na internet dirige-se ao público masculino – alguns desses sites exigem pagamento em troca de sugestões, prometendo a seus leitores que, se seguirem as orientações prescritas, vão conseguir a garota que quiserem ou ter uma batelada de "gatinhas" à sua volta.

Quanto a especialistas ou terapeutas de renome, cada um tem sua própria tendência ou visão do mundo. E, por refletir o ponto de vista de quem o emite, as orientações desses profissionais podem ser úteis a determinada pessoa e não se aplicar satisfatoriamente ao caso de outra. Por exemplo: há especialistas que, por julgarem as mulheres muito exigentes, sugerem a elas rebaixar seus critérios quando buscam um parceiro. Por mais positivo que seja ter critérios realistas, esses especialistas pedem a suas leitoras que abram mão de itens fundamentais, como química ou valores, uma vez que dão mais importância ao ato de casar do que ao fato de obter uma união harmoniosa com o companheiro adequado. Assim, esse tipo de aconselhamento não tem muita serventia para uma mulher que almeja mais do que encontrar alguém para casar.

Há também aqueles consultores sentimentais que aconselham suas leitoras a fazer joguinhos ou manobras de sedução. Alguns recomendam nunca, jamais telefonar para um paquera; outros propõem esperar por um anel de noivado antes de dormir com o namorado; outros mais dizem que não há nada de errado em fazer com que o paquera se encarregue de todas as despesas. Esses especialistas têm ideias muito antiquadas acerca dos universos masculino e feminino, imaginando que os homens detenham muito poder nas relações afetivas e que fazer joguinhos seja uma boa forma de as mulheres retomarem esse poder. Embora realmente haja diferenças entre o universo masculino e o universo feminino, agora você já sabe que a mulher tem muito poder na paquera e no namoro. E que nunca deve lançar mão de ardis ou manobras ensaiadas, pois isso só faz com que você pareça frágil e tola.

Aliás, há profissionais que, por incrível que pareça, não demonstram a menor solidariedade com suas leitoras – já vi alguns dizerem à pessoa que lhes pediu orientações que "parasse de choramingar". Consultoras sentimentais como a doutora Laura Schlessinger geralmente chegam a criticar e diminuir certas garotas por causa de seus erros. Livros sobre namoro que fazem muito sucesso culpam a mulher por tudo, como se fosse ela a responsável por todos os problemas no relacionamento – se ele a traiu foi porque *você* fez algo errado; se ele a maltrata é porque *você* não demonstrou estar bastante interessada ou porque *você* não obedeceu a essa ou àquela regra do namoro. Embora seja sempre necessário assumir a responsabilidade se sua conduta causou problemas ao relacionamento, você não é responsável pelo comportamento condenável de determinado indivíduo. Parece até que essas "peritas" têm necessidade de culpar as mulheres. Como é possível que isso vá ajudar alguém? Se você ler o best-seller *Como fazer amigos e influenciar pessoas*, verá que Dale Carnegie nos explica que criticar e responsabilizar alguém são uma das formas menos eficazes de fazer com que essa pessoa mude!

É preciso mencionar mais uma fonte de maus conselhos: homens. Não os incluí nos parágrafos anteriores porque são poucas as mulheres que procuram aconselhar-se com eles. E há um bom motivo para que seja assim: quando se trata de namoro e relacionamento sentimental, boa parte dos homens não é solidária nem dá conselhos lá muito proveitosos. Comumente, as opiniões e sugestões masculinas se baseiam no que eles querem, e não no que é melhor para você. Muitos tendem a simplificar em demasia; por exemplo: você diz a um homem que está nervosa por causa de um encontro, e ele lhe diz: "Não fique nervosa por isso". Ou, se você namorou um babaca, seu amigo lhe sugere deixar de namorar babacas e começar a namorar caras bacanas. Além disso, nem sempre são eles quem tem o ombro mais macio onde chorarmos nossas mágoas ou aquela palavrinha mágica que melhora nosso astral.

Há exceções, claro. Existem homens que compreendem as mulheres e os relacionamentos amorosos perfeitamente bem e que, por isso, são capazes de dar ótimos conselhos. Conheço muitos homens assim e peço a opinião deles com frequência. Há homens que sabem ser solidários, também. Se conhecer um rapaz com esses atributos, coloque-o na lista das pessoas com quem costuma aconselhar-se.

Há uma diferença bastante curiosa entre o aconselhamento amoroso para o sexo feminino e o aconselhamento amoroso para o sexo masculino: o homem é incentivado a ir atrás do que quer; quanto à mulher, geralmente lhe é sugerido contentar-se com o que tem. Na nossa sociedade, ninguém se espanta com um homem que quer ser milionário ou o rei da cocada preta; mas se é uma mulher quem expressa desejos tão grandiosos, as pessoas costumam dizer que isso está fora do alcance dela! O mesmo acontece em relação ao aspecto sentimental: se um sujeito quer namorar uma garota com a metade da idade dele, as pessoas até podem achar graça, mas acabam aceitando com naturalidade; se uma mulher quer namorar um rapazote charmoso, vão pensar que ela só pode estar maluca! Fique atenta, pois esse sistema de dois pesos, duas medidas está em tudo que é canto. Não deixe que lhe digam que você não é capaz de atingir seus objetivos!

Lembre-se: todo e qualquer conselho reflete o pensamento de quem o dá. As opiniões e sugestões de alguém espelham quem essa pessoa é e de onde vem; quanto mais limitada for a perspectiva dela e quanto maiores forem as diferenças entre ela e você, menos proveitosas serão as recomendações que vai receber. E mesmo que essas sugestões pareçam bastante sensatas, pode ser que não se apliquem ao seu caso.

Mas o que é um conselho proveitoso?

Apesar de você já saber que o bom conselho é útil e encorajador, eu gostaria de aprofundar um pouco mais esta questão. Por isso, a seguir estão umas poucas indicações do que faz um conselho sentimental ser proveitoso:

Empatia. Quando diz a alguém que está tendo dificuldades em seu relacionamento amoroso, você espera que essa pessoa se solidarize com seu problema, ainda que ela não tenha nenhuma relação com a situação. Um bom conselheiro deve ficar do seu lado e incentivá-la mesmo quando você está errada.

Sinceridade. Embora compreensão, amabilidade e encorajamento sejam fundamentais, é preciso que quem a aconselha use também de sinceridade. Se estiver indo com muita sede ao pote, você precisa de alguém que lhe diga isso com todas as letras e a ajude a pensar em uma conduta mais adequada.

Adequação às suas necessidades. Um conselho amoroso deve espelhar aquilo de que você mais precisa, não aquilo que a pessoa que o dá está imaginando. Por exemplo: sua amiga pode não se importar com que o namorado dela fume maconha, mas se sabe que você detesta esse tipo de coisa, ela não deve lhe passar um sermão porque você está pensando em romper com um homem que fuma.

Respeito aos seus limites. Quem emite uma opinião ou dá um conselho precisa compreender que você não é perfeita e está sujeita a errar. Uma amiga minha, inteligente e generosa, namorou um sujeito que era, para dizer o mínimo, um verdadeiro cretino. Além de flertar com todas as mulheres que via pela frente, ele vivia a criticá-la e não queria saber de trabalhar. Quando minha amiga rompeu o namoro, fiquei feliz da vida. Entretanto, ela tornou-se a criatura mais infeliz do mundo longe daquele homem. No fim das contas, os dois reataram – e eu, horrorizada, mal pude acreditar que ela havia voltado para um indivíduo com tão poucas qualidades. Apesar de tudo, não critiquei a decisão dela e lhe dei todo o apoio possível, afinal sabia que minha amiga não estava em condições de fazer uma escolha mais sensata naquele momento. Por fim, ela acabou rompendo o namoro definitivamente, veio a conhecer um rapaz que a tratava com todo o respeito e casou-se com ele. Às vezes é preciso dar cabeçadas até aprender a lição e descobrir a forma mais apropriada de sair de um problema.

A melhor fonte de aconselhamento

Há ocasiões em que nem mesmo os melhores especialistas têm como lhe dar a resposta de que você está precisando. Se sua vida for parecida com a minha, então você já passou por maus bocados quando, diante de uma dificuldade qualquer em um relacionamento amoroso, pediu conselhos a várias pessoas e nenhuma delas soube indicar uma solução para o seu problema. Após isso ter me acontecido umas, digamos, cem vezes, finalmente comecei a me aconselhar com alguém que nunca havia me ocorrido procurar: eu mesma!

Acredite: você ainda vai descobrir que é a sua melhor conselheira! *Está falando a sério?*, você deve estar se indagando. *Se eu tivesse a solução para meus problemas amorosos, nunca teria precisado me aconselhar com outra pessoa!* Sim, é verdade que você não tem todas as respostas de que precisa. Ninguém tem. No entanto, você vai descobrir em si mesma o melhor roteiro para levá-la até a solução que está buscando. Na maior parte das vezes, nem sua mãe, nem suas amigas, nem uma consultora sentimental têm como fornecer a resposta para os seus problemas – o que essas pessoas podem fazer é ajudá-la a encontrar essa resposta por si mesma.

Lidar com dificuldades sentimentais, assim como lidar com qualquer outra questão de ordem pessoal, não é o mesmo que lidar com o cartão de crédito ou uma goteira. Para esses dois últimos problemas, as soluções são óbvias: procurar um consultor financeiro para nos ensinar a controlar nossos gastos e um desses profissionais do tipo faz-tudo para consertar o telhado. Com relação à vida amorosa, porém, não há especialista no mundo que saiba precisamente o que é o melhor para você; é impossível examinar seu cérebro, seu coração ou sua alma à procura do que "consertar" ou saber exatamente do que você necessita. Só você mesma é capaz disso tudo.

Como se faz isso? Aprendendo a dar ouvidos à sua intuição e às suas sensações. Há quem chame isso de ouvir o coração, a alma, as entranhas, o instinto ou o âmago – não importa o nome que se dê, e sim reconhecer que se trata de uma estupenda fonte de sabedoria. Essa fonte sabe o que é melhor para você e do que você precisa melhor do que ninguém. E deve ser o seu guia quando você paquerar e procurar pelo homem que a complete. É perfeitamente correto, e de grande serventia, aconselhar-se com outras pessoas; mas, no fim das contas, é sua intuição que você deve ouvir ao tomar decisões sentimentais.

Vou lhe dar um exemplo pessoal para ilustrar o que estou dizendo. Certa vez namorei um rapaz que tinha todas as qualidades que eu buscava em um homem. Eu gostava dele de verdade, era correspondida e, embora morássemos longe um do outro, estava disposta a apostar naquele relacionamento. No entanto, ainda que ele me visitasse, telefonasse regularmente e demonstrasse afeto por mim, havia algo naquele namoro que me incomodava. Eu me sentia estranha, como se me faltasse alguma coisa. E ele havia feito alguns comentários a respeito da ex-namorada que não tinham me caído lá muito bem. Uma amiga me disse que eu deveria me tranquilizar, que não havia problema nenhum e que relacionamentos à longa distância levavam um tempinho para engrenar de vez. Outra amiga comentou que era evidente que meu namorado gostava muito de mim, e que eu devia parar de fazer tempestade em copo d'água por causa do que ele havia dito. Levando tudo isso em conta, tratei de me controlar e tirar as caraminholas da cabeça.

Contudo, as coisas não melhoraram. Por fim, ele fez algo de que não gostei, e seguiu-se uma briga daquelas. Fiquei muito brava, ele se pôs na defensiva, chegamos a um beco sem saída. De repente, tudo ficou claro na minha cabeça: embora parecesse ser tudo o que eu queria, ele não tinha nada a ver comigo. De tão ocupada que estava tentando fazer com que o namoro desse certo, não percebi que estava insatisfeita e infeliz. Enfim, rompi o relacionamento. E depois disso foi que me dei conta de que não podia contar com ele quando precisava. Em primeiro lugar, porque ele morava longe, e eu queria a companhia de um namorado sempre que possível, ou pelo menos com maior frequência. E ele também era, em certo sentido, uma pessoa emocionalmente inacessível, o que explicava o porquê dos comentários que fizera acerca da ex-namorada não terem me caído bem. O que quero dizer é que, fosse como fosse, ninguém tinha como me mostrar tudo isso – só eu mesma poderia encontrar as respostas que estava procurando.

Suas amigas podem dar a opinião delas a respeito de um paquera ou sugerir determinada roupa para um encontro, no entanto há questões mais complexas que exigem que você ouça atentamente os seus instintos.

Aqui vão alguns aspectos em que esse seu sexto sentido pode guiá-la na direção correta:

- Quais rapazes despertam seu interesse (e quais não despertam).
- Quais rapazes namorar (e quais recusar).
- Quando ir para a cama com ele (e quando evitar transar).
- Quando deixar de sair com um paquera (e quando dar uma segunda chance a ele).
- Com quais rapazes se envolver para valer (e o momento de envolver-se).

Venha de onde vier, o conselho mais proveitoso é aquele que melhor se aplica ao seu caso e esclarece as suas dúvidas naquele momento. Felizmente, temos um estoque infinito desse tipo de conselho – em nós mesmas. O difícil é darmos ouvidos a eles.

Namorar por intuição

Agora que já sabe que pode deixar-se guiar por seu sexto sentido na vida amorosa, aqui vão algumas técnicas para você ser bem-sucedida ao namorar:

Livre-se dos ardis

Você já percebeu que os conselhos sentimentais quase sempre são... veja só, ardilosos? De tão desconcertadas que ficam em relação ao namoro, as pessoas inventam esses joguinhos ridículos para ajudá-las a superar as dificuldades que encontram pela frente. Em comparação, se você ler um livro sobre como ter um casamento feliz, verá que está repleto de conselhos e preceitos a serem observados, no entanto nenhum deles é ridículo ou recomenda joguinhos ardilosos. Ora, no namoro também não há lugar para joguinhos ou manobras ensaiadas.

Vejamos alguns exemplos das recomendações mais comuns dadas a quem está paquerando ou namorando:

Para o sexo feminino	Para o sexo masculino
– Espere dois dias para ligar de volta para ele. – Seja misteriosa. – Não diga a ele que o ama. – Não seja legal demais com ele.	– Espere cinco dias para ligar para ela. – Aja como se não estivesse nem aí. – Raramente diga que a ama. – Não seja bonzinho demais com ela.

Percebeu a falta de critérios? A ambos os sexos são sugeridas as mesmas tolices, com a promessa de que tais bobagens vão ajudá-los a se sair bem. Joguinhos e manobras ensaiadas são para quem não sabe como lidar com o sexo oposto. Assim que você começar a dar ouvidos a seu sexto sentido, saberá com certeza se um rapaz está realmente interessado, se deve telefonar para ele ou esperar mais um pouco, se deve expressar seus sentimentos ou conter-se. Não será preciso usar fingimento ou ardis.

Faça as suas regras

Além de ardilosa, a orientação sentimental está repleta de regras, sendo que a maioria delas vem acompanhada por nefastas advertências quanto aos perigos que você corre se não segui-las. Basicamente, o risco é este: ao não seguir ao pé da letra certos preceitos muito difundidos de conduta sentimental, você jamais vai atrair sua cara-metade e, por isso, estará condenada a tornar-se uma abnegada freirinha cujos únicos propósitos na vida são cuidar do jardim e ensinar órfãos a ler! Ou algo do tipo. Outro problema em relação a regras é que cada manual de conduta tem as suas. Você segue uma, não dá certo, experimenta outra, também dá errado. E então, o que fazer?

Obedecer a regras que outras pessoas estipularam é um grande equívoco. Para ter êxito na vida amorosa é preciso, antes de tudo, descobrir o que funciona para você, isto é, criar suas próprias regras. Aqui vão algumas situações em que vale a pena fazer suas próprias regras:

Telefonar para um rapaz ou convidá-lo para sair. Por um lado, é dito que o homem vai atrás, telefona e faz os convites; por outro, diz-se que a mulher não deve ficar de braços cruzados, esperando passivamente, e que o homem gosta quando ela se mostra interessada. Então, o que fazer? Siga as normas que julgar mais sensatas e decida-se pelo que acha mais adequado às circunstâncias, baseando-se no fato de ele ser tímido ou mais desinibido ou no quanto ele demonstra estar interessado em você. Por exemplo: se você tem a impressão de que um rapaz quer chamá-la para sair, mas é tímido demais, dê a entender que aprecia a companhia dele. Ou, se está com vontade de telefonar para um rapaz e acha que ainda é cedo demais, espere um ou dois dias. Se algo falhar ou não sair como você queria, procure descobrir o que deu errado e prepare-se para quando surgir uma próxima oportunidade.

Quando ir para a cama com ele. Essa questão não é somente motivo de grande debate entre às mulheres, como também uma arena onde elas tendem a julgar umas às outras e a si próprias. Sexo é importante, e diz respeito somente à pessoa que o pratica. E tem suas consequências emocionais – para não falar das demais. Você vai ouvir todos os tipos de regras a esse respeito: dormir com ele logo de cara para saber no que está se metendo, aplicar a "regra do terceiro encontro", esperar um número pré-determinado de meses, esperar até vocês assumirem o compromisso de exclusividade, esperar até que ele a peça em casamento, esperar até vocês estarem casados. De qualquer modo, há um só momento apropriado para começar a transar com um rapaz: quando for o momento certo para você. Para a maioria das mulheres, nunca acontece no primeiro encontro – elas acham que não estão preparadas ou que ainda não confiam suficientemente em seus namorados. Não há quem não conheça um casal muito feliz cujos pares, que estão juntos há anos, dormiram juntos no primeiro encontro. No entanto, existem mulheres para quem esse tipo de coisa não funciona.

Muitas garotas acham que sexo é sagrado, um bem valoroso que elas "entregam" ao namorado ao ir para a cama com ele. Outras o veem como uma brincadeira excitante e prazerosa, da qual querem muito participar. Cada mulher tem seu ponto de vista. Seja como for, nunca deixe que lhe diga para ir contra sua sensibilidade e seu sexto sentido quando o assunto for sexo. Faça o que achar correto; se não der certo, você pode tomar outra atitude quando surgir a próxima oportunidade.

Dê ouvidos à sua zona de conforto

Em vez de confiar em joguinhos e ardis, em regras e mandamentos ou mesmo no conselho de alguém, aprenda a confiar no que você está sentindo. Em vez de cometer o erro que eu cometi com meu namoro à longa distância, preste atenção ao que você sente, e não em como deveria se sentir. Se algo não lhe cai bem, geralmente há um bom motivo para esse desconforto, mesmo que você (ou as pessoas com quem se aconselha) ainda não tenha descoberto que motivo é esse.

Vejamos um exemplo do que estou dizendo:

Elisa conheceu Kyle algum tempo depois de terminar um namoro de três anos e, após eles saírem juntos por cerca de um mês, o relacionamento começou a ficar mais sério. Foi quando Kyle confessou que, durante aquele mês, tinha saído com outra garota também – e que gostava de ambas. Embora grata pela sinceridade dele, Elisa se sentiu pouco à vontade com a situação, porém Kyle lhe propôs que continuassem juntos, e ela aceitou.

Pouco depois, Elisa foi aconselhar-se com Olga, uma amiga, que lhe disse que ela estava exagerando, que Kyle tinha todo o direito de sair com outras pessoas, e que ela estava sendo infantil por esperar exclusividade em um relacionamento que tinha pouco mais de um mês. Como achasse que os argumentos de Olga faziam sentido, Elisa procurou não pensar mais no assunto. Algumas semanas depois, Kyle disse a ela que queria ter um relacionamento mais sério com a outra garota. Embora ficasse triste por alguns momentos, Elisa acabou sentindo um grande alívio. Os dois continuaram amigos e, de quando em quando, almoçavam juntos. Ao fim de mais algum tempo, Elisa retomou o relacionamento com o namorado com quem havia rompido antes de conhecer Kyle, e ambos estavam se entendendo muito bem quando, um ou dois meses depois, ela encontrou por acaso com Kyle. Kyle então lhe contou que pensava muito nela e nos momentos que haviam tido juntos quando namoravam — e ficou bastante enciumado quando soube que ela reatara o relacionamento com o antigo namorado. Após deixar bem claro que não sentia mais nada por ele, Elisa cortou de vez os almoços na companhia de Kyle, passou a ignorar os telefonemas dele e nunca mais voltou a vê-lo.

A história de Elisa é um bom exemplo do que acontece quando damos ouvidos aos conselhos de outras pessoas em vez de confiar nos nossos instintos. Elisa deixou de apreciar a companhia de Kyle ao saber que ele estava se relacionando com outra garota — não porque condenasse o comportamento dele, como Olga havia imaginado, mas sim porque aquela situação lhe provocava sensações desagradáveis. Apesar disso, optou por continuar com Kyle, pois ainda não confiava no que sua intuição lhe dizia. Como era de esperar, Kyle revelou-se um babaca mais preocupado consigo do que com as duas garotas. Elisa me contou que ainda sente certo mal-estar sempre que pensa nele. "Se tivesse ouvido o que a minha intuição me dizia, eu poderia ter me poupado daquela sensação tão incômoda", disse ela.

Esse é também um bom exemplo de conselho pouco proveitoso vindo de uma amiga. Além de Olga não ter sido solidária, o conselho que ela deu não levou em conta o que Elisa estava sentindo e, por isso, não se aplicava ao caso dela. O mais provável é que o conselho de Olga funcionasse para ela própria.

Quando estamos namorando ou temos de lidar com alguma dúvida relacionada à nossa vida amorosa, às vezes o mais fácil é nos guiar por regras pré-estabelecidas ou seguir o conselho de alguém, afinal não sabemos muito bem que atitude tomar. Se prestar atenção, porém, quase sempre você vai perceber em si um leve desconforto ou mal-estar — essa é a forma que seu âmago encontrou para lhe dizer que é o momento de recuar, desistir, ou experimentar outra estratégia.

Providencie uma boa rede de apoio

Embora eu esteja incentivando você a confiar no seu sexto sentido na hora de tomar decisões com respeito à sua vida sentimental, é sempre bom contar também com uma boa rede de apoio formada por amigas, especialistas e qualquer outra pessoa que tenha como ajudá-la. Por quê? Por mais que consiga desenvolver a capacidade de confiar em si, você ainda vai precisar de alguém com quem conversar, uma pessoa solidária que a apoie e a incentive, sobretudo se o momento difícil pelo qual está passando teve origem em um fora ou em uma desilusão. Desabafar vai ajudá-la a superar esse revés para que você possa seguir adiante.

Além do mais, mesmo que os conselhos que vier a receber não correspondam às suas necessidades, servirão como um pouco de luz sobre a sombra das dúvidas, o que vai auxiliá-la a encontrar as respostas contidas no íntimo do seu ser. Ouça com atenção o que as pessoas têm a dizer; em seguida, decida por você mesma. No meu caso, costumo aproveitar 2% dos conselhos que recebo; o que faço é utilizar as recomendações das outras pessoas para formular uma solução que resolva o meu problema.

Por fim, apoie e encoraje suas amigas para que elas façam o mesmo por você. Quando for dar um conselho, procure ajudar sua amiga a encontrar em si própria a resposta que está buscando. Quase sempre você vai constatar que ela sabe o que é melhor para si e só precisa da sua aprovação.

Em se tratando de paquera e namoro, é simplesmente incrível o auxílio que sua intuição pode lhe dar, fazendo com que você se esquive dos indivíduos que não a merecem, orientando-a em direção aos homens que valem a pena e quase sempre a levando a situações que podem lhe fornecer o que você está necessitando naquele momento. Isso não significa que não será preciso se esforçar – mas, se der ouvidos ao bom-senso que existe em você, os esforços vão produzir ótimos resultados.

Sempre que tive alguma dúvida em relação à minha vida sentimental e coloquei o conselho que alguém me deu acima do que meu sexto sentido me dizia, acabei me arrependendo amargamente. O bacana de ouvir nossos instintos é que eles agem muito mais depressa do que nosso cérebro. Às vezes, algo nos provoca certo mal-estar e não sabemos o motivo dessa sensação desagradável. No caso de Elisa e Kyle, ela não se sentia bem com o fato de ele sair com outra garota, mas seu cérebro não entendia o porquê desse mal-estar, e foi essa confusão que a levou a procurar Olga. No fim das contas, Elisa deu-se conta de que Kyle não era o namorado que estava procurando e que aquele relacionamento não correspondia às expectativas dela.

Aprender a confiar no seu sexto sentido é questão de praticar. Mas, com tempo e empenho, você vai aprender a ouvir o que vai em seu íntimo e duvidar menos de si. Isso vai melhorar sensivelmente seus relacionamentos amorosos – e outras esferas da sua vida também.

Conclusão

Enquanto lia este livro, você provavelmente deve ter se indagado se cometi algum dos dez erros principais. A resposta é... claro que sim! Alguns mais do que outros, mas a verdade é que cometi todos eles. Acontece que é simplesmente impossível não errar durante o namoro – como em qualquer outra esfera da vida. Contudo, o que importa é aprender com nossos erros e seguir em frente.

É provável também que você esteja se indagando se sigo à risca os meus conselhos. A resposta é... sem sombra de dúvida. Embora tenha os meus momentos de fraqueza, sigo as minhas recomendações porque acredito nelas. E posso lhe garantir que o fato de segui-las não apenas fez minha vida sentimental valer a pena, como também me ajudou a encontrar minha cara-metade. Meu objetivo é que este livro ajude você a encontrar a sua!

Feliz namoro!

Este livro foi impresso pela gráfica
Cromosete em papel *norbrite plus* 66,6 g.